21世紀の若者たちへ

いま、松下幸之助精神に学ぶ

# 君の行く道は無限に開かれている

「財界」編集部［編］

君の行く道は無限に開かれている　二十一世紀の若者たちへ——目次

## 〔第二章〕松下幸之助に何を学び、どう生きるか

# はしがき

いま、松下幸之助精神に学ぶ――。この本のサブタイトルをこう付けたのは、二十一世紀に入り、時代の潮流、社会環境が大きく変わろうとしている今日、私たち自身もまた今一度、自らの価値観を含めてその生き方を見つめ直すという必要がある、という思いがあるからです。

そして、どう生きていくべきかを考えた場合、素直《すなお》な気持ちになると、先人《せんじん》、先哲《せんてつ》(注)の存在が思い出されます。

明治に生まれ、大正、昭和と生き、平成元年（一九八九）に九十四歳の生涯を閉じるなど、幾多《いくた》の激動期を乗り越えてきたのが、松下電器産業創業者の松下幸之助です。

常に社会に真正面から向かい合い、一つひとつの出来事や問題を自らの問題として捉え、その解決策づくりに真摯《しんし》、かつ誠実に取り組みました。

問題が起きた時、ややもすれば、私たちは人のせいにし、それをまた声高《こわだか》に非難しがちです。しかし、それに疑問を抱き、自分も社会の一員ということを意識した時、その責任の一端を担っているのではないだろうかということが見えてきます。

松下幸之助は、このように自問自答する人でした。そのような先人がいたとしたら、私たちが今一度、その生き方、考え方を学ぶことは、意義のある作業ではないかと思うのです。

「厳しい得意先ほどありがたい」といった松下幸之助の言葉には、周囲の声を謙虚《けんきょ》に受け止め、自らを磨いていこうという姿勢がうかがえます。そして、お客さまの苦情に真剣に耳を傾けることが、自分たちを鍛え上げるのだという発想は、私たちの志気を高めてくれます。

「景気よし、不景気さらによし」という言葉も、景気の良いときも、決して浮かれず、また景気の悪い時は、みんなで知恵や工夫を出し合っていく。そうやって苦しいときを乗り越えるという松下幸之助の考え方に、私たちは奮い立たされます。

それが、今回、この本を出版した狙いです。若い人たちはもちろんのこと、ビジネスマン、そして経営トップまで、多くの読者の方々がこれからの人生を送る上で参考にして頂ければ、これ以上の喜びはありません。

◇　◇　◇

松下幸之助の好きな言葉に、「日に新た」という言葉があります。

「指導者は、世の動きというものを敏感に察知し、刻々《こっこく》に新しい指導理念を生み出し、またそれに基づいた適切な方策を講じていくことが大切である。そのためには、やはりみずから、日に新たであるよう心がけなくてはならないだろう。過去の考え方、これまでのやり方にとらわれることなく、日に日に新たな観点に立ってものを考え、ことをなしていく。それが指導者として欠かすことのできない大切な要件である」と、「指導者の条件」（PHP文庫）の中で、その意味をこう述べています。

来るべき時代を予期して、常に手を打っておく。つまり、リーダーは先見性《せんけんせい》、先を見る力がなければならない。それには、私心《ししん》を捨て、謙虚に学ぶ姿勢がなければならない。

その場合には、広い視野で物事《ものごと》を見、判断することが大切です。

また、「治《ち》にいて乱《らん》を忘《わす》れず」という言葉があります。平時《へいじ》（平和）な時でも、いつ何時《なんどき》、世の中が乱れるような不測《ふそく》の事態が起きるか分からない。そうした事態が起きようとも、常に対応できるようにしておかないといけない。そうした心構《こころがま》えを説いた言葉です。時代が大きく変わろうとしている時ほど、指導者（リーダー）の存在がクローズアップされる時はありません。どんな組織であれ、指導者のカジ取り一つで、大きく左右されます。繁栄《はんえい》の道をたどるのか、繁栄とまではいかなくとも堅実にやっていけるのか、あるいは衰退《すいたい》の道をたどるのか。これもリーダーの指導力によります。

今は、グローバリズムの時代といわれ、企業の買収《ばいしゅう》・合併（M&A）も日常茶飯事《にちじょうさはんじ》のこととして行われ、日本の企業もこれまでのようにお互いに株式《かぶしき》を持ち合って、のんびりと過ごせる時代ではなくなりました。

ある日、突然、外国資本(注)に過半数《かはんすう》株式を買い集められ、経営権を乗っ取られてしまうということもあり得るのです。

こんなときに、その企業のトップが大いにあわてふためき、相手が仕かけてきた術策《じゅっさく》にはまってしまうのか、あるいは普段からいざというときに備えて十二分《じゅうにぶん》に対応策を立てておくかで、その企業の運命は大きく変わります。これもリーダーの指導力によります。

戦後六十年経《た》った今、産業界を見ますと、昭和三十年代、四十年代の高度成長のころ、流通業やホテル、運輸などのサービス業でそれこそ革命的な経営手法を開発し大成功を遂《と》げた経営者がその後経営につまずき、失敗する例が見られました。

時代の波に乗れたときは、万事《ばんじ》が好調《こうちょう》にいったのですが、時が移り、時代が変わると、自分たちがこれまでやってきた経営手法も古くなり、新しい時代に通用しなくなります。

そうならないように、常に謙虚な姿勢で学び、数多くの人の知恵を集めて、新しい仕事を創造していく。「日に新た」とは、そういう姿勢を示しています。

松下電器産業が、創業者・松下幸之助の手によっておこされ、トップが松下正治《まつしたまさはる》氏、山下俊彦《やましたとしひこ》氏、谷井昭雄《たにいあきお》氏、森下洋一《もりしたよういち》氏、そして今日の中村邦夫《なかむらくにお》氏まで六代続き、今日まで存続発展してきているのも、創業者・幸之助の経営思想、経営哲学が松下電器の経営の底流《ていりゅう》にあるからです。

松下幸之助は、多くの人の生活に責任を持つ経営責任者の責務《せきむ》として、「仕事の完成」「仕事の創造」「人材の育成」の三つをあげました。

そして、この責務を果たすために大切なこととして、三つの日本の伝統精神を示しています。一つは、「衆知《しゅうち》を集める」こと、二つめは「主座《しゅざ》を保つ」こと、三つめは「和《わ》を貴《たっと》ぶ」ことです。

「衆知を集める」とは、分かりやすくいえば人間一人ひとりの力は知れている、多くの人の力を結集してこそ、大きな力を発揮できるということ。洋《よう》の東西《とうざい》を問《と》わず、歴史上の先哲、先人をはじめ、数多くの人々の知恵を融合させ、社会に役に立つ仕事をしていこうというものです。

「主座を保つ」とは、少しむずかしい言葉ですが、日本人としての座標軸《ざひょうじく》（基本軸《きほんじく》）をしっかりと持ち、広く世界中から、ものの見方、知恵（技術を含む）を集めて、それを融合させる。つまり融《と》かし合わせることで、自分たちの知恵をよりよいものに高めていくということです。

和魂洋才《わこんようさい》という言葉があります。日本の伝統精神、文化を基本にしながら、西洋の文化や技術を学んで融合させることです。日本は、その昔、中国から漢字を取り入れながら、同時に片仮名《かたかな》や平仮名《ひらがな》を考案して、独自の言語文化をつくりあげてきました。

つまり、日本人は自分という立場を失わずに、海外の文化、知恵をよく吸収、消化し、日本化させるという特性を古来《こらい》、発揮してきたのです。

松下幸之助は、晩年《ばんねん》、日本の現状を見て、今の日本は自らの国の歴史、伝統というものを、いささか軽視《けいし》し、忘れがちになっているのではないだろうか――という思いを強めていました。

そうした思いもあり、また、世界と仲良くやっていき、世界から尊敬される国づくりを進めるためにも、人材の育成が大事だという思想を具体化《ぐたいか》させる一つとして、「松下政経塾《まつしたせいけいじゅく》」をつくったのです。

「松下政経塾」からは、国会議員をはじめ、都道府県の議会人や各地の首長になる人たちが出て活躍しています。

松下幸之助の人材育成は、経済の分野のみならず、政治の分野でも実践《じっせん》され、今日に至っているのです。

「和を貴ぶ」という考え方について、松下幸之助は、前出の著「指導者の条件」の中で、聖徳太子《しょうとくたいし》の言葉を引用して、次のように述べています。

「聖徳太子のつくられた十七条憲法の第一条に、『和を以《も》って貴しとなす。さからうこと無《な》きを宗《むね》とせよ。人みな党《とう》あり……』とある。〝人みな党あり〟というのは、人間というものは、必ずグループ、党派をなすものだということであろう。それが人間の本質だと太子は見抜いておられたのだと思う。

たしかに、人間の集まるところ、大小の別はあっても、必ずグループ、党派があるといっていい。そういうものがしぜんにできてくるわけである。けれども、そうしたグループ、党派というものが全体の上で弊害《へいがい》をなす場合が少なくない」

松下幸之助はこう述べたあと、

「派閥《はばつ》(注)というものはなくせるものではなく、その存在をみとめた上で、活用、善用すべきものだと思う。そのことを太子は言っておられるわけで、だから〝和を以って貴しとなす〟――派閥だけの利害にとらわれず全体の調和を大切にしなさいといわれたのではないか」

と続けました。

つまり、人間の本質というものは変えることはできない。だとすると、そうした人間の本質をあるがままにみとめた上で、どうあるべきかを考えていこう――という松下幸之助の考え方です。これは、人材の配置など、人をつかうことを含め、経営全般《ぜんぱん》についていえることだと思います。
（本書においては、主人公である松下電器産業創業者、松下幸之助氏など一部の登場人物の敬称を省かさせていただきました。また、松下電器産業の関係者の役職は、取材時のものを使用しております）

総合ビジネス誌「財界」主幹　村田博文

……………………

＊先哲　素晴らしい知恵を持つ人。
＊外国資本　外国人、外国企業などが出すお金、資金。
＊派閥　出身や考え方などによって、特定の利益を軸に結び付いたグループ。

# 第一章

# 松下幸之助の「心」が宿《やど》る場所

# 第一節

# 真《しん》々《しん》庵《あん》

# 心静かに考える「庵《いおり》」を建てた理由

京都市左京区にある有名なお寺、南禅寺《なんぜんじ》の近くに、松下美術苑《びじゅつえん》「真々庵」という庵があります。茶室《ちゃしつ》が建てられ、琵琶湖《びわこ》から導かれた水が小川となり、庭園を流れています。池の水面《みなも》には、周囲の木立《こだち》の緑が映《は》え、静寂《せいじゃく》な雰囲気《ふんいき》をかもし出しています。

松下幸之助がこの真々庵を開所したのは、一九六一（昭和三十六）年八月十八日のこと。戦争が終わって十六年が経ち、日本は高度経済成長を遂げようとしていました。人々も一生懸命《いっしょうけんめい》に働き、明日《あす》の成長を夢見て前向きに生きていました。

松下幸之助が一九一八（大正七）年、二十三歳で独立し事業を始めてから四十余年がたち、松下電器産業は大いに発展、成長し、家電業界で圧倒的《あっとうてき》なナンバーワン会社となっていました。

そのころ、日本国内の大半の企業は、銀行から借金をし、工場などの設備をつくり、輸出にも力を入れ始め、世の中は、大量生産・大量消費の時代に入ろうとしていました。

そういうときに、松下電器は無借金経営をつくりあげ、不況《ふきょう》に出合っても十二分に切り抜けていける体質を実現していました。

これも、小さいとき丁稚奉公《でっちぼうこう》(注)し、いろいろな辛酸《しんさん》をなめてきて、二十三歳で独立し、ついに日本を代表する企業をつくりあげるまで、日々努力を積み重ねてきた松下幸之助の経営思想を実現したものでした。

銀行は、たいていのことでは金を貸さないところ。そういう銀行から、金を借りてくれといわれるような事業をおこしてこそ、真《しん》の産業人と呼ばれるようになる――。松下幸之助は金を貸す側の銀行と金を借りる側の企業との関係について、こう考え、産業人がまず最初に立派な事業をおこすことが前提《ぜんてい》になると説《と》きました。

二十一世紀を迎えた今、ベンチャービジネスもおこしやすくなりました。一つは、IT(情報技術《じょうほうぎじゅつ》)など新しいテクノロジーが登場し、だれもが事業をおこしやすくなったこと、それと株式を発行しやすくなり、株式市場《しじょう》(資本《しほん》市場)から資金を集めることも容易《ようい》になりました。

しかし、当時、銀行から資金を集めることが産業人にとって、普通のやり方でした。

そういうときに、松下幸之助は、銀行に頼ることなく、自らに必要な資金は自ら貯《たくわ》えておく経営を心がけようとしたのです。

普通、銀行は金を貸すところとみんなが思っているときに、「銀行は、たいていのことでは金を貸さないところ」とその本質を見抜き、それならば、銀行のほうから、「金を借りてくれ」と言ってくるように自分の事業をしっかり打ち立てようとする。こういうところに、松下幸之助の非凡《ひぼん》な一面をうかがうことができます。

時代が移り変わり、事業を進めるのに必要な資金の集め方が変わってきたといっても、自分の足でしっかり立つことが大事《だいじ》だと、松下幸之助は言っているのです。つまり、「自《じ》立《りつ》の経営」こそがどんな時代でも大切なのだということなのです。

そのためには、自分を見つめ直す。そして、物事の本質《ほんしつ》、本筋《ほんすじ》をつかみとる場《ば》として、真々庵を開所したのです。

おもしろい話が残っています。この真々庵にいる時の松下幸之助の表情はニコニコしていて、いいおじさんという感じだったといいます。大阪府門真市《かどましし》の松下電器の本社に届ける資料があって訪《たず》ねた人が、松下幸之助の表情を見てビックリさせられた、というのです。

「戦場の戦士《せんし》のように、鋭《するど》い顔をしてたんで近寄《ちかよ》りがたかった。すぐに帰ってきました」と、その人は語っていたといいます。

企業経営は、いろいろな問題、課題を抱《かか》えています。言ってみれば、戦場です。ライバル会社との競争もあり、勝つ時もあれば負ける時もあります。また、会社の組織をどうつくり運営していくのか、それと一番大事な人づくり（人材教育《じんざいきょういく》）をどう進めていくのかと課題はいっぱいあります。

何事にも真剣《しんけん》に、そして懸命に取り組む松下幸之助が会社にいるときの表情は、時に厳しいものがあったのだと思います。

日本国内のみならず、世界中に製品をつくるための工場や販売の拠点を持っている松下電器には、それこそ数多くの社員や取引先、そしてお客さまがいます。そうした人たちが安心して働き、生活していけるように努める経営トップとして、松下幸之助は心をくだいてきました。

そのような緊張感《きんちょうかん》を強《し》いられる会社の仕事があり、一方、京都・真々庵での生活は身も心もなごやかにさせ、落ち着かせるものだったのだと思います。

## 経済の発展だけでなく、素直《すなお》な心を育てよう

前置きが少し長くなりましたが、日本は戦争に敗れ、都市部は焼《や》け野原《のはら》になり、ゼロからの再出発となりました。

そして、みんなが懸命に働いた結果、戦後十数年で高度成長を遂げ、まもなく米国に次いで世界二位の経済大国にのし上がりました。世界中から、奇跡の復興《ふっこう》とまでいわれたものです。

個人の所得《しょとく》も上がり、毎年春になると、どこそこの会社は賃金《ちんぎん》をこんなに上げたなどと、話題になったものです。何か、世の中全体に、浮かれた気分がただよい始めていました。

経済が成長することに、ただ浸《ひた》っているだけでいいのだろうか、と松下幸之助は考えていました。

そういう時に、もっと、自分を見つめ直そうと「心」の問題を重要視《じゅうようし》していたのが松下幸之助でした。

既に、終戦の翌年一九四六（昭和二十一）年に、ＰＨＰ研究所を設立していました。ＰＨＰはPeace and Happiness through Prosperity（繁栄によって平和と幸福を）の意味であり、松下幸之助はこのＰＨＰ運動を通じて、日本人として、あるいは日本国家としての考え方、あり方を追求していこうとしていたのです。

真々庵をつくったのは、日本経済が高度成長を迎えた時のことでした。日本国民が経済的な繁栄を実現し、敗戦の痛手《いたで》から立ち直り自信を深めていくのはいいとして、同時に「心」の問題にも取り組まないといけないと考えてのことでした。

## 自分を反省し、高める場として

この庵の名前の由来《ゆらい》は、真理・真実を追いもとめるための修練《しゅうれん》の場であるからとか、深々《しんしん》と静まり返るなかで思索《しさく》する場であるからとか、いろいろな説明があります。

それはともかく、松下幸之助は生前、ここを毎月訪ね、身も心も浄《きよ》め、一人《ひとり》静かに思索《しさく》にふけったのです。

根源社

庵から池越しに東方《とうほう》を望むと、高い木立のはざまに、南禅寺の甍《いらか》が見える。そして庭の左方《ひだりかた》に、白い砂と高い杉の木立が目に入ってきます。

この杉の木立ちの奥に、「根源社《こんげんしゃ》」という社《やしろ》があります。

陽《ひ》の光《ひかり》が緑の木立の中に、天上《てんじょう》からまっすぐ降《ふ》り注《そそ》ぐ。濃い緑と白い砂の対比を、陽の光が際立《きわだ》たせる。この白い砂の上をシャリシャリと歩き、根源社の前で静かに拝礼《はいれい》。そして、近くの茶室に向かい、茶を点《た》てるのが松下幸之助のならわしでした。

一九六一年八月十八日に庵を開所《かいしょ》したということで、関係者は毎月十八日にこの根源社に集まりました。この会合は、「真修会《しんしゅうかい》」と名付けられました。

茶室に入って一服頂戴《いっぷくちょうだい》し、そして、いろいろなテーマについて話し合い、議論を深めていったのです。

テーマは、「宇宙の成り立ちについて」という深遠《しんえん》なものから、「憲法について」、あるいは「首相の資質《ししつ》について」と、宇宙の成り立ち、自然科学から政治、文化、社会全般まで幅広いものでした。

こうした研究会、勉強会を、松下幸之助はＰＨＰ研究所の職員たちと一緒に進めてきたのです。

自分を反省し、高めていく——。一八九四（明治二十七）年に生《せい》をうけ、一九八九（平成元）年に九十四歳で人生を終えるまで、松下幸之助の一生はまさにこの営《いとな》みでした。経営者として大成功しながら、それに満足することなく、宇宙のことから、世界のこと、そして政治、文化、社会全般と幅広い分野に関心を持ち続け、世界観、人生観をきわめていったのです。

## 人の話をよく聞き、そして自分の考えを述べる

真々庵を建てた一九六一年、着物姿でＰＨＰ研究所の職員の前に正座《せいざ》して、資料を読み、職員に何やら話しかけている松下幸之助の写真があります。

みんながその日のテーマに思いをめぐらし、真剣な目つきをしています。それこそ、凛とした空気が部屋に流れ、問答《もんどう》が繰《く》り広げられている様子が分かります。

人の話をよく聞き、自分の考えを述べる。これが、対話を進めていくときの松下幸之助

の基本的な姿勢でした。

そうした対話の名手《めいしゅ》でもあった松下幸之助は、むずかしい言葉ではなく、だれにでも分かるようなやさしい話し言葉で、数多くの著作をまとめていきました。

『経営心得帖《こころえちょう》』にしろ、『指導者の条件』、『実践経営哲学』といった本は、だれにでも分かりやすく書かれています。やさしい表現ながら、奥行《おくゆ》きの深い内容になっているのが特長です。

人と対話していくことで、自らを反省し、高めていく。人はそれぞれに主張があり、自分の考えを持っています。それぞれ自分の考えを言い張《は》っていけば衝突《しょうとつ》が起き、放《ほお》っておけば混乱が生まれます。

そこに対話の必要性が生まれます。政治の世界でも、経営の世界でも、「対立」は必ずあります。それを対話で「調和」させていくことが大切だというのが松下幸之助の考えなのです。

もっといえば、人生も経営も、「対立と調和」の営みの連続——ということです。

人と人は、一度は意見がぶつかり合うもの。しかし、それはお互いに話し合ってみると

現在の庭園

お茶をたのしむ松下幸之助

分かり合えるという考えです。

「他を圧《あっ》するような一つの理論で全体を構成するというのは好きではなかったと思います」

松下美術苑「真々庵」の苑長・徳田《とくだ》樹彦《ただひこ》さんは説明してくれます。幸之助が、真々庵を訪れ、根源社の前で拝礼し、茶室で一服茶をのみ、心を落ち着けていたのも、こうした人生観があったからだと思います。

人には、自我というものがあります。しかし、それにこだわっていたら、社会全体がギクシャクして成り立ちにくいものです。

「我を出したらアカンのやと。しかし、そう言いながら、すぐ自分にも我が出てくるのだと言っておられた。自分の中の葛藤《かっとう》というか苦しみとか、そういうものが毎日起きると思うんですね、事業家ですから」

徳田さんは当時の松下幸之助の心境について語ってくれています。

我をおさえる。つまり私心を捨てるということです。常に社会のことを考え、そして日本のこと、世界のことを考えてきた松下幸之助の発想の原点は、ここにあるのだと思います。だから、対話が必要になってくるということです。

## 庭師とも丁々発止《ちょうちょうはっし》の対話を展開

「対立と調和」は、真々庵の庭づくりにも現れています。

ある一本の大きくて堂々とした松の木が庭にあったのを、松下幸之助は庭師に、「この松を伐《き》ってくれ」と言いました。

庭師は即座《そくざ》に反対したと言うのです。

「ご主人、この松を伐ったら、庭が台無しになります。この庭で唯一、これだけが価値のある木ですよ」

しかし、松下幸之助にとって、その松だけが引き立つ風景は納得できなかったのでしょう。

「いや、伐ってくれ」。

強い調子で言ったのです。

庭師はなおも反対しました。それを都合四回繰り返したというのです。庭師は仕方なく伐りました。

この庭師は、川崎幸次郎《かわさきこうじろう》という人で、あちこちの有名な寺の庭園づくりを手掛けてきました。その彼との間でも、松下幸之助は対話を楽しんでいたのです。

ある日、松下幸之助は、「寸鉄《すんてつ》を帯《お》びずして敵を制すという言葉がある。そういう庭をつくってくれ」と彼に言いました。

寸鉄、敵を制す――。ちょっとした言葉でも、本質をついていれば敵を倒すということわざがありますが、こう言われた川崎幸次郎は、それこそ禅問答《ぜんもんどう》のようで最初は何のことやら分かりませんでした。しかし、さすがは庭づくりの名人。普段松下幸之助が言っていることを思い出して、このように理解したといいます。

「路傍《ろぼう》(注)の小さな石にも、小さな灌木《かんぼく》(注)にも、それぞれ個性があるんだ。そうした個性を最大限に発揮するようにレイアウトするのならば、庭全体として美しくなる」

彼は、この時の寸鉄をこのように理解したのです。

名物《めいぶつ》の灯籠《とうろう》や、非常に珍しい樹木など、そういう高価なものは必ずしも必要ではない。

川崎幸次郎はこう考え、平凡な石、平凡な樹木で全て真々庵の庭を構成しているのです。

松下幸之助と川崎幸次郎の対話の積み重ねで、今の真々庵はでき上がっています。ここを訪れる人たちが、一木一草《いちもくいちそう》、庭石から玉砂利《たまじゃり》、そして苔《こけ》の生え方にまで行き届いた手入れに感心させられるのも、そうした対話が交《か》わされたからなのです。

松下幸之助は、よく、「この木は何と対話しているのか」と質問したといいます。庭師は、例えば「この木はこの石とバランスが取れています」とか、「バランスが取れていません」とか自分なりの見たてを述べます。このように庭づくりでの対話を、松下幸之助は楽しみにしたのです。

## 茶室の中で、新製品をつくり出す知恵がわく

松下幸之助は、何ごとにも工夫をほどこす人です。こうしたらもっと便利になるのではないか、ああしたら毎日の生活がもっと楽しくなるのではないか、と考えるのです。

たとえば真々庵の茶室には、ひと工夫もふた工夫もしてあります。というのも、エアコ

ンが取りつけられ、照明器具も必要とあらば取りつけられるようになっているのです。茶人《ちゃじん》の風上《かざかみ》にも置けないと思われるかもしれないことを、松下幸之助は大胆にやってのけているのです。

しかも、それがお茶の伝統や精神をこわすこともなく、しっくり融け合っているのですから不思議です。

二十一世紀に入った今では、伝統と現代の融合といった話はいくつもありますが、この頃はまだ、伝統のものに新しいことを付け加えるとなると、相当《そうとう》に抵抗が出てきた時代です。そこを思いきって工夫を加えていくところに、松下幸之助のチャレンジング・スピリット（挑戦者魂）があります。

エアコンも今は三代目が働いていますが、当時は水冷式のものでした。二畳ほどの狭い茶室に、水冷式のエアコンが作動し、さぞかし夏場に茶室を訪れたお客さまは心地よい気持ちになったでしょう。

照明器具にしてもひと工夫がほどこされたのです。夕暮れ時、周囲も木立の陰となり暗くなり始めると、茶室に明かりがほしいということで、当初、ヨーロッパ製の電極が露出しているスタイルの照明器具を取りつけようとしました。

それは、茶室の天井裏にコードを引っ張っておき、フックになった電極を取りつけ、必要な時に、電球部分を下から合体させるというやり方だったのです。

仕事を命じられた松下電工の技術者は、こう答えました。

「このやり方は、電極が露出していて危ないというので、日本の法律にかないません」

それなら何か知恵を出そうというのが、松下幸之助の前向き精神です。電極をあらわにしているからいけないので、電極を電気絶縁《でんきぜつえん》のプラスチックの容器の中に入れ、カチンとねじ込む方式のものをつくればいいじゃないか――という提案になったわけです。こうして、ねじ込み方式の照明器具が誕生したといわれています。

お茶を楽しみながらも、事業につながるようなことを考え続ける。また、何ごとも根源のところまで突きつめて考えていく。そのような場所が、真々庵であるということです。

……………………

＊丁稚奉公　少年少女が商人や職人の家に住み込み、雑務などをすること。
＊路傍　道端。
＊灌木　人間の背丈と同じか、あるいはそれよりも低い高さの樹木。

## 第二節

# 霊山《りょうぜん》歴史館

## 志《こころざし》のある若者を育てよう

「打てば響く」――。

今の日本は、若い人が十分に働ける環境をつくらなければいけない。若い人を重要視しないといけない。日本の歴史の多くは若者が書き換えてきた。

こういう思いを持つ松下幸之助は、若い世代の心を打とうと、多くの人々や財界人に呼びかけ、近代日本の基礎を切り開いた明治維新《めいじいしん》(注)の志士《しし》たちを祀《まつ》る京都・霊山の地を整備しました。

明日の日本をつくるのに大きな役割を担う若者に期待する幸之助は、常に国を思い、国民全体の行く末を考えてきました。そうした考えは、自ら創業した松下電器産業の製品づくりにだけでなく、社会全体を考えて、人材を育てるという思想のもと、いろんなところで実践《じっせん》されてきました。

京都・東山《ひがしやま》にある霊山には、坂本龍馬《さかもとりょうま》や木戸孝允《きどたかよし》、横井小楠《よこいしょうなん》、所郁太郎《ところいくたろう》など明治維新で大きな働きをした志士、三百六十八柱の墓碑《ぼひ》、それ以外に維新に関係のあった三千百十六柱が祀られています。

明治維新が成ったのは一八六八（慶応四）年。生まれたばかりの太政官布告《だじょうかんふこく》により、京都・霊山の地に、一身を国のために捧げた志士の霊を合祀《ごうし》したのです。

近代日本を切り開くために、道半《みちなか》ばで倒れたり、身の危険を覚悟で自らの目的を成し遂げようと行動した志士たちの偉業《いぎょう》をしのび、そうした人たちの志に敬意を払おうという、当時の政府の趣旨でした。

## 戦後経済は復興したが……

その後、日本は、日清戦争、日露戦争で勝利し、欧米列強に追いつくまでに、国の勢力を伸ばしてきました。しかし、満洲《まんしゅう》事変、日中戦争をへて、一九四一（昭和十六）年太平洋戦争（第二次世界大戦）に突入。敗戦国となりました。

戦争で、首都・東京をはじめ大阪や名古屋などの各都市は空襲を受け、広島、長崎には原爆が落とされました。国民の間にたくさんの死傷者も出ました。戦争の悲劇です。文字通り、焼け野原となったばかりか、精神的な破壊は計り知れず、暗雲の立ちこめる中で、戦後日本の復興は始まりました。

松下幸之助の産業人としての歩みは、「企業は社会の公器《こうき》」という考え方に則《のっと》ったものでした。社会に役立つ企業づくりを進めていこうというもので、国民生活の向上に役立つ家電製品づくりに努めようと、終戦の翌日に早くも民需産業の発展に関する方針を示し、全社員に呼びかけていました。

松下幸之助は、戦争で貧しい生活を余儀《よぎ》なくされた国民大衆のためにと、自らの心をふるい立たせたのです。

日本国民は、一生懸命に働きました。そして、一九五六年の「経済白書《けいざいはくしょ》(注)」では、「もはや戦後ではない」と高度成長を迎えた日本経済の自信をのぞかせるほどになりました。あるとき、松下幸之助は、京都財界《ざいかい》の有志《ゆうし》から、「霊山《りょうぜん》の整備に力を貸してほしい」という強い要請を受けました。

聞けば、敗戦を境に、霊山一帯がひどく荒れはてているとのこと。これではいけないと、関西財界にも広く呼びかけたところ、多くの企業や有志から、霊山の整備に賛同し資金拠出の協力も得られました。

こうして、明治百年に当たる一九六八年、「維新の道」として、三百六十八柱の墓碑と三千百十六柱の合祀を行ったのです。

## 坂本龍馬や木戸孝允の思いを胸に

坂本龍馬など志士の活躍は、作家・司馬遼太郎《しばりょうたろう》氏の「竜馬がゆく」などの小説や映画でも数多く紹介されていますが、幕末維新の舞台となった京都にある霊山は、東山でも閑《かん》静《せい》なところ。両側に並木のあるゆるやかな坂道をたどり、左手に名刹《めいさつ》・高台寺《こうだいじ》（豊臣秀吉の正室《せいしつ》・ねねのゆかりの寺）の甍を仰ぎつつ上ってゆくと、霊山の山すそに当たります。左手には護国寺《ごこくじ》、そして右手に霊山歴史館があります。

ここは、日本で唯一の〝幕末、維新の総合ミュージアム〟です。現在、約五千点の維新に関する諸資料を備え、青少年の歴史教育の場になっています。

実際、維新で活躍した人たちの間では、霊山は、特別の意味を持っていました。例えば、明治政府の重鎮《じゅうちん》・木戸孝允（維新前の名前は桂小五郎《かつらこごろう》）が死の一カ月前に書いた日記には、「平生骨ヲ東山ニ埋ルハ宿意ナリ」、（自分の死後、わたしの骨を京都・東山に埋葬してもらうのが長年の思いです）とあります。

幕末、長州藩士の桂小五郎は、京都で密《ひそ》かに倒幕《とうばく》運動に加わり、何度となく死ぬ目にもあいました。これを陰《かげ》に陽《ひなた》に手助けし、心の支えとなったのが夫人の松子（幾松）です。今、木戸孝允と松子の墓は、この霊山にあり、東山の地から、二人は今日の日本を見据えています。

木戸（桂）や坂本龍馬などの志士の間には、それまでの藩という制度から脱却し、「日本国家」概念と「日本国民」という意識が芽生え、欧州列強の植民地にしてはいけないという思いがありました。とくに坂本龍馬には、そういう意識が強かったようです。

高杉晋作《たかすぎしんさく》は、当時、江戸幕府から海外渡航《かいがいとこう》が禁じられている時に、密かに中国・上海《シャンハイ》に渡り、欧米列強が中国国内に租界《そかい》（注）をつくり、経済的利益を収奪している様子を見てきたといいます。

英国は、中国南部の広東《カントン》を中心にいわゆるアヘン戦争(注)(一八四〇~四二年)を起こし、当時の清《しん》朝を苦しめました。清は、そのころアヘンを中国に持ち込み、人心を荒廃《こうはい》させる英国の貿易のやり方に抗議していましたが、聞き入れられず、両国の間で戦争が起きたのです。結果は、武力にまさる英国の勝利でした。

この後、香港《ホンコン》が英国に割譲《かつじょう》(注)され、これから約百五十年、香港は英国に支配されます。維新へと動いた志士は、こうした欧州列強がアジアの植民地化を進めていった動きの中で、日本という国家を初めて認識し、国家としての独立を守りぬこうとしました。そのために命を懸《か》けて行動したわけです。

## 「若い人たちに見てもらいたい」

「近代日本を開化《かいか》せしめた　維新の志士の尊《とうと》い精神を学び　この国の歴史と伝統に立って　あすの日本を考えるために心をこめて　若き人々におくる」

これは、松下幸之助が、霊山歴史館を開設した時に、若い人たちへ送ったメッセージです。

日本の歴史をひも解くと、若者が歴史の転換点で大きな活躍をしてきたことが分かります。古くは、大化の改新を成し遂げた中大兄皇子《なかのおおえのおうじ》（後の天智天皇）は時に二十一歳、鎌倉幕府を開いた源頼朝《みなもとのよりとも》は、時の権力者・平家《へいけ》を打ち倒そうと、伊豆で挙兵《きょへい》をしたときが三十三歳。戦国の世をおさめ、全国統一を進めた織田信長《おだのぶなが》が有力大名・今川義元《いまがわよしもと》を桶狭間《おけはざま》で急襲《きゅうしゅう》して破ったのは二十七歳のとき、といった具合です。

明治維新の時も、多くの志士が道半ばで倒れました。吉田松陰《よしだしょういん》は時に二十九歳。長州《ちょうしゅう》藩（今の山口県）の萩《はぎ》城下（現在の萩市《はぎし》）で、私塾・松下村塾《しょうかそんじゅく》を開き、多くの人材を育てました。明治政府で最初の総理大臣を務めた伊藤博文《いとうひろぶみ》や久坂玄瑞《くさかげんすい》なども教え子です。

同じ長州の高杉晋作は二十八歳で病死、土佐藩《とさはん》（今の高知県《こうちけん》）の坂本龍馬は三十三歳、同じ土佐藩の中岡慎太郎《なかおかしんたろう》は二十八歳という若さで、それぞれ非業《ひごう》の死を遂げました（いずれも霊山に合祀）。

こうした若者がいたからこそ、近代日本の道が開けたわけです。

松下幸之助は、戦後、人権を尊ぶ思想が出てきたことは正しいという認識を示したあと、同時に、「自分を尊ぶとともに、他人を考え、行動することの大切さを忘れてしまった」と語り、次のような趣旨の言葉を述べています。

「日本人には、国を思い、国民全体のために何ができるかということを考える血が流れている。打てば響くんですよ。打たなければ出てきません。霊山顕彰会《けんしょうかい》を拠点にして、精神《せいしん》運動を重点にやっていく」

若者に期待し、若者の志を大きくはばたかせようと、幸之助は、京都・東山の霊山に、「維新の道」を整備し、霊山歴史館をつくり、その霊山歴史館を運営する霊山顕彰会を設立しました。

会長職は、永田敬生氏（元日立造船社長）、山下俊彦氏（元松下電器産業社長）と引き継がれ、四代目会長に谷井昭雄氏（元松下電器産業社長、現特別顧問）が就任して、今日に至っています。

また、霊山顕彰会・初代理事長には、浅田敏章《あさだとしあき》氏（元大阪スタヂアム興業社長）、塚本《つかもと》幸一《こういち》氏（ワコール創業者）のあと、現在は京セラ名誉会長の稲盛和夫《いなもりかずお》氏がその職を受け継いでいます。このように財界の主だった人々が、この会の活動を支援しています。

この霊山を訪れる人々は、この数年間、毎年約五万人でした。二〇〇四年は、NHKの大河ドラマ「新選組」が放映された影響もあってか、約二十万人が訪れました。

この霊山歴史館は〇五年一月、全面リニューアルされました。

「今までは、歴史愛好家に見てもらうような展示品の並べ方でしたが、中学生、高校生にもよく分かるような展示にいたしました。また、パソコンも設置し、画面表示で人物の紹介ができるように、陳列や表示にも工夫をほどこしました」と、霊山顕彰会・常務理事の土方宥二《ひじかたゆうじ》さんは話しています。

若い世代に、もっともっと知ってもらい、見てもらいたい歴史館です。

……………………………………

＊明治維新　政権が、徳川家による江戸幕府から明治新政府に移る政治改革の過程。近代日本の基礎を築いた時期。

＊経済白書　国民経済の動きを総合的に分析し、今後の動きや政策の方向性を示す報告書。

＊租界　国家の正式な領土でありながら、外国人がその居留区の警察・行政などを管理している地域。

＊アヘン戦争　英国から輸入される麻薬の一種であるアヘンが、国民生活を崩壊させたことから、中国・清朝がその輸入禁止措置を遂行し、これに反発する英国との間で起こった戦争。中国側の敗戦で、香港を英国の支配下に置くことを定めた南京条約を締結した。

＊割譲　土地や物の一部を切り取って、他に分け与えること。

# 第二章

# 松下幸之助に何を学び
# どう生きるか

## 第一節

# 「生かされている」という思い

## やりたいことや夢が見つからない

最近、「NEET《ニート》」という存在が、取り沙汰《ざた》されています。仕事をしていないし学校にも通っていない、さらには仕事探しもしていない人を総称《そうしょう》してニートと呼ぶようになりました。

失業者というのは、仕事をしたくても働き先がない人のことです。これまで完全失業率などという数字を用いて、世の中で仕事にあぶれた人が増えている状態が示されてきましたが、ニートは働きたいという意欲が伴《ともな》わない人たちのことですから、この数字には含まれません。

つまり、死角《しかく》、社会の目が向けられない存在だったのです。こうしたニートが、国の調査（二〇〇五年三月発表）で八十五万人もいることが分かりました。

「将来の夢がない」「やりたいことが見つからない」という若者が増えているといいます。

松下幸之助は、大きな志を持つ方法を「理想を描くように」と表現しました。

どんな未来を過ごしていたいか、頭の中に描いてみてください。「自然の豊かな場所で暮らしたい」とか、「世界の国々を行ったり来たりする大人になりたい」とか、「いつか自分史を本にしたい」とか。漠然《ばくぜん》と描いてみれば、そこに夢が見つかるかもしれません。

## 我《われ》、何をなすべきか

志を持って頑張っている人は、世の中にたくさんいます。その志は十人十色《じゅうにんといろ》、みんな違っていて、その大きさや内容にかかわらず、一つひとつに価値があります。

その中で、松下幸之助が時代を超えて多くの人に慕《した》われ、尊敬されるのは、二百五十年先までの計画を立ててしまうほど、超長期的な視野を持って志を描いたことはもちろん、描いただけで終わらせず、実現させるために何をすべきかを徹底的に考え、実行したからです。

「我、何をなすべきか」という言葉を、松下幸之助はしばしば使ったといいます。そこにあるのは使命感です。

松下幸之助は、一九三二（昭和七）年、社員を前にして、松下電器産業の公的な役割と二百五十年計画を発表しました。そしてすぐ、実現に導くために「我、何をなすべきか」と考えました。

その答えは、「今よりも、社会に貢献しなければいけない」ということでした。

一九三三年、最初に事業をスタートさせた大阪市大開《おおびらき》町の「創業の家」から、現在の本社がある大阪府門真市に移ろうと、六万四千平方《メートル》の用地を購入しました。

現在、松下電器の本社やグループの工場などが立ち並ぶ土地の広さは、四十三万平方《メートル》まで拡大しました。松下幸之助が思い描いた通り、この門真の土地に移転したところから、さらに松下電器は大きな発展を遂げたわけです。

当時の門真市は、辺り一面が広大なレンコン畑でした。広い土地が空《あ》いているから、松下電器がどんどん大きく発展しても大丈夫ということです。幸之助は、広いレンコン畑を望《のぞ》み、二百五十年後の松下電器の姿を思い描いていたのかも知れません。

移転後には、つくる製品ごとに部署を分け、その部署で商品開発から製造、販売までの責任を一貫《いっかん》して担《にな》わせる「事業部制」を導入。一九三五（昭和十）年には、株式会社になりました。

休むことなく次の発展のための仕組みづくりをし、次の飛躍のために具体的な手を打っていきました。目指すところと、それを達成する使命感があるのですから、あとは実践するのみです。松下幸之助は、使命感に突き動かされるように事業を進めていきました。

## 使命と責任は表裏一体

「物資《ぶっし》を水道の水のごとく安価無尽蔵《あんかむじんぞう》に供給して、この世に楽土《らくど》を建設すること」

それが、松下電器の企業としての使命です。

一九五六年、松下幸之助は会社の発展の道筋《みちすじ》を示した「五カ年計画」を発表し、「今後、多少の混乱、多少の不景気があっても、この計画は必ず実現できる。なぜかというと、これは広く一般大衆の要望だからである。いわば社会に対する義務の遂行《すいこう》である。われわれの使命をはっきりと自覚するならば、そこに見えざる契約、声なき契約が交わされているのを知ることができる」

「ここに大きな工場地帯をつくろう」

と、経営方針発表会の席で述べました。

消費者と松下電器の間に、見えない契約、約束が交わされている――。つまり、松下電器が発展することは、誰《だれ》のためでもない、消費者と社会のためなのだということです。そこには、消費者と社会に対する責任が生《しょう》じます。

こうした考えは、

「企業の存在自体が社会的なものである。いわば企業は社会の公器である、経営者はその自覚《じかく》をもたねばならない」

という訴えにも通じています。

松下幸之助の言う使命とは、裏を返せば、社会への責任です。社会と契約を交わし、公《おおやけ》のものである企業の発展を任されている以上、その契約を正しく遂行し、会社を潰《つぶ》さないように継続、発展させていくことは、使命であり社会的責任でもあるわけです。

例えば、松下幸之助は松下政経塾を設立する時に、多くの人に反対されました。それでも、

「これはもう、私の使命なのだ」

と意志を貫《つらぬ》き、反対する人たちの協力を取り付けたのです。

幸之助は、亡くなる直前まで、枕元《まくらもと》に塾生たちを集め、思いを伝え諭《さと》したそうです。反対しながらも最後は賛同してくれた人々への、松下幸之助なりの責任感、使命感だったのかもしれません。

## なぜ「儲《もう》け」が生まれ、何のために「儲ける」のか

松下幸之助が妻ら三人で始めた松下電器は、世界に三十万人の従業員を抱える大企業となりました。

かつて消費者の憧《あこが》れの的だった電気冷蔵庫、テレビ、電気洗濯機の「三種の神器《じんぎ》」は、ノンフロン冷蔵庫、プラズマテレビ、ななめドラム洗濯乾燥機という便利な形に進化して、なお人々に愛用されています。

そして、デジタル社会の今、薄型テレビ（プラズマテレビ、液晶テレビなど）、デジタルカメラ、ＤＶＤレコーダーの「デジタル三種の神器」と呼ばれる商品を、消費者がこ

ぞって購入しています。松下電器も、デザインや機能に工夫をこらし、これら三つの商品を世に送り出しています。

こうした商品は、それぞれの時代で人々に強く支持され、松下電器に利潤《りじゅん》をもたらし、会社は松下幸之助の計画通り、年々、発展を遂げてきました。

利潤とは、ものやサービスを売って得られる儲けのことです。儲けを出さなければ、会社は社員に給料を出せませんし、商品をつくることができなくなります。

儲けを出すことは、会社を大きくし、社会全体を発展させる上で、とても大切なことです。

しかし、時々、消費者や社会をだまして不当にたくさんの儲けを得る会社や、儲けたお金を自分だけのものにしようと、税金として支払わずに自分のふところに隠してしまう経営者が出てきます。

儲けは、その会社や経営者、社員が一生懸命に働いたからこそ得られるものですが、だからといって好き勝手に使っていいものではありません。こうした過《あやま》ちを犯して、法律で罰《ばっ》せられたり、信用を失うなどの社会的制裁《せいさい》を受ける会社や経営者が、後を絶《た》ちません。

幸之助は天国で、こうした事態を悲しんでいるに違いありません。

なぜなら、松下幸之助は、適正利潤《てきせいりじゅん》を確保すること、さらには、その約半分を国家に税金として納付《のうふ》することは、いずれも企業の義務で、私的に暴利《ぼうり》を追求することは許されないことだ、という考えを示しているからです。

国は、税金で、国民のために施設をつくったり、社会保障を与えたり、さまざまな施策《せさく》を実行します。企業の儲けは、税金という姿で、間接的に国民に恩恵《おんけい》を与えているという発想です。

また、松下幸之助は、利潤とは、企業活動を通じて社会に貢献した結果、その報酬《ほうしゅう》として得られるものだと説いています。貢献度合《こうけんどあ》いに応じて、会社が大いに社会の役に立ったと社会の人々が認めてくれれば、おのずと儲けは増えますし、儲けが少ないということは、その企業の社会への貢献度合い、役立ち度が足りないということです。

これは、いくら頑張っても利潤が出ないのならば、それは社会の求めに反した活動をしているということになります。厳しいながら、止《や》めてしまいなさいということです。

## I WAS BORNの精神

松下幸之助はなぜ、それほどまでに使命感に強く突き動かされたのでしょうか。

私たちは、誰もがかけがえのない、たった一人の大切な存在です。先祖代々つながる命のきずなの延長線上に、わずかな確率で命をさずかりました。ここでは、この世に生まれ出たことのありがたさをもとに、松下幸之助の使命感について、考えてみましょう。

松下幸之助は、松下家の八人兄弟の末っ子として生まれました。ところが、身体《からだ》の弱い家系で、兄弟たちが皆、病気で死んでいったのです。幸之助自身も、肺尖《はいせん》カタルという病気に悩まされ、命が危《あや》ぶまれた時期もありました。

自分もいつ死ぬか分からないという危機感を抱きながらも、実際は無事に生きている――。そうしたことから、自分を生かしてくれている何かがあるのではないか、と感じていたというのです。

また、創業して間もないころに、自転車で車と衝突して何メートルも飛ばされたのに、かすり傷一つ負わなかったことや、海に落ちて九死《きゅうし》に一生を得たことなども、何か大きな力に「生かされている」と感じたエピソードとして残されています。

日本語では、赤ちゃんがお母さんのおなかから出てきてこの世に生を受けたことを「生まれた」と表現します。英語では、「I《アイ》 WAS《ワズ》 BORN《ボーン》」と表現します。英語を勉強した人なら分かりますが、これは受動態《じゅどうたい》（受け身）、つまり「自分以外の他の人や物の力でもってそうなった」という表現方法が用いられています。

考えてみれば、誰も自分一人の力で生まれてきたのではありません。約十カ月にわたっておなかの中で優しく育ててくれたお母さん、そのお母さんを温かく支えたお父さん、おじいさん、おばあさん、近所の人、産婦人科の先生、看護師さんなど。一つの命をこの世に無事に誕生させるために、数え切れないほどの力が注《そそ》がれています。その恩を無駄にしないために、私たちは一生懸命に生きなければなりません。

また、幸之助流に考えてみると、「生かされている」というのは、何か理由があってのことかも知れません。「天命《てんめい》」という言葉があります。九死に一生を得た経験が、「まだやるべきことが残っているから、死んではいけない」という天からのメッセージだったと受け取れば、自分の命は「やるべきこと」のために与えられた貴重な存在である、と考えることができます。

自分を支えてくれている人たちの恩を無駄にせず、天から授《さず》けられた期待に応《こた》えたい。そんな思いが、使命感の正体ではないでしょうか。

もちろん、すべての人が、天命を聞けるわけではないでしょう。しかし、誰一人としてひとりぼっちで生きてきたのではなく、すべての人が、誰かの力を借りてこの世に生を受けました。そう考えると、誰もが使命を抱いて生きているのではないでしょうか。

また、松下幸之助が小さいころに、素晴らしい大人と出会ったことも、使命感や、公共の役に立つよう力を尽くすというパブリック精神を養《やしな》う上で、大きく影響したとされています。

それは、丁稚奉公先の五代《ごだい》自転車屋さんの社長のお兄さん、五代五兵衛《ごだいごへえ》さんとの出会いです。五兵衛さんは、日本ではまだ数少なかった盲唖《もうあ》学校を大阪につくった人として知られています。

五兵衛さんは、目が不自由でしたが、とても見識の高い人でした。松下幸之助は、自転車屋の手伝いをしながら、五兵衛さんからたくさんのことを吸収しました。

幸之助が、目の不自由な五兵衛さんの手を取って送り迎えする役目を仰《おお》せつかっていて、弟の経営する自転車屋への往復の道のりで五兵衛さんが語った数々の道徳話《どうとくばなし》が、小さな幸之助の心に染《し》みついたということです。

## 第二節

# 二十六歳の目線から

総合ビジネス誌「財界」 編集部　室星葉月

# 人間・松下幸之助を知る

一九八九（平成元）年、松下幸之助という世界的に有名な「経営の神様」がこの世を去《さ》った時、私は小学五年生でした。それ故《ゆえ》か——あるいは多くの部分は無知が理由なのでしょうが——私にとっての幸之助は、カエサルや織田信長、ジョン・F・ケネディなどと同じ、歴史上の人物です。

この取材をするまで、恥ずかしながらも、「松下幸之助」という名前は聞いたことがあっても、どんな人で一体何をした人なのか、ほとんど知りませんでした。

東京・新宿の交差点で信号待ちをしていた時、そばの電信柱に「経営の神様・松下幸之助」と落書きされているのを見て初めて、「経営の神様」と言われている人だということを知ったぐらいです。

大学を卒業してこの世界に足を踏み入れた時、ある先輩から「『分からない』には二種類ある」と教えられました。一つは、自分が何を分からないかを分かっていて、疑問を解決するために人に尋《たず》ねることができる場合。もう一つは、自分が何を分からないかも分からない場合。後者ならば救いようがないから、この仕事は止めなさい、と。

松下幸之助に関しては、私はその後者でしたが、ゼロから手探《てさぐ》りで理解しようとしたお陰で、経営者、発明家、政治家、哲学者、教育者など、さまざまな顔を持つ一人の人間として、まっすぐに見つめることができたと思うのです。

歌手の浜崎《はまさき》あゆみさんや、レスリングの浜口京子《はまぐちきょうこ》さんと同じ一九七八（昭和五十三）年に生まれた私は、二十六歳の今、この文章を書いています。

## 生きた証《あかし》を遺《のこ》すこと

一枚の古い写真。十歳の幸之助少年と丁稚奉公先の自転車屋のおかみさんのツーショットです。現存する幸之助の写真の中で、最も古い一枚だといいます。

撮影の経緯が面白いのです。店の従業員を集めた記念撮影の日、仕事で出張させられて撮影時間に間に合わなかった幸之助少年。かわいそうに思ったおかみさんが気を遣《つか》ってくれ、わざわざ写真館へ出かけて二人だけでの撮影が実現したそうです。その心遣《こころづか》いが嬉《うれ》しくて、終生大切に持っていたのでしょう。

松下幸之助は、歴史を大切にする人だったといいます。

写真に限ったことではないのです。幸之助について学ぶ時、私たちは実に鮮明な記録に触れることができます。その人生や経営における折々の出来事や言葉は、こと細かく丁寧に保存されているのです。

松下電器の時のトップたちは、経営に行き詰まった時、何かヒントが欲しい時、折《おり》に触れて幸之助から教えを請《こ》おうと、残された資料をひも解きます。

しかし、そうした関係者だけではなく、世界中に「経営の神様」の生き方、考え方を学ぼうという人がいるのです。

たった一人の足跡が、たくさんの人々を勇気づける——。この事実に触れ、私は素直に「自分は誰かの心を動かすような生き方をしているだろうか」という疑問を持ちました。

折角《せっかく》の人生です。せめて自分の子どもぐらいには、何か胸を張れるような濃密な人生を過ごしたい。生きた証《あかし》を示したい。そう思った途端《とたん》、今という一日が非常に重みのあるものに感じられたのです。そして、私の歴史を形成する一言、一挙手一投足《いっきょしゅいっとうそく》にも、責任を感じずにはいられませんでした。

松下幸之助の人生は、一人ひとりの人生に、計《はか》り知れないほどの価値、重みがあることを教えてくれました。人生という歴史の主役は、他《ほか》ならぬ自分です。素晴らしい歴史を綴《つづ》れるかは、自分自身の手にかかっているのです。

## 海外から訪れる〝信奉者〟たち

京都府木津町《きづちょう》のハイタッチ・リサーチパーク(注)の一角にある「松下資料館」は、松下幸之助の生誕百年にあたる一九九四(平成六)年に開館。現在まで、延べ四万三千人が訪れています。このうち三千五百人は、海外からの来訪者です。特に、中国や韓国、東南アジアなど、日本に追い付け追い越せの経済成長の途中にある国々の経営者が多いといいます。

幸之助の功績を世界に広めた一人が、ハーバード・ビジネス・スクールの教授で、リーダーシップ論の権威《けんい》と言われるジョン・P・コッター氏です。

大学から、松下幸之助をテーマにした講座を担当するよう要請《ようせい》を受けたコッター氏。当時、その存在をほとんど知らなかった彼は、なぜ自分が東アジアの「一人のおじさん」の研究をしなければならないのか、怪訝《けげん》に思い要請を断わりました。学長は、「何も知らずに断ってはいけない」と、コッター氏に資料を渡します。それを読んだコッター氏は、一気に幸之助に惹《ひ》かれ、講座を担当することを快諾《かいだく》しました。

コッター氏の著書「MATSUSHITA　READERSHIP」は、八カ国語に翻《ほん》訳《やく》され、経営学の世界に留《とど》まらず、世界中の人々に愛読されています。そして、この本を通して幸之助の生き方に感銘を受けた人たちが、わざわざ日本を訪れ、松下資料館や松下電器歴史館を見学しているのです。

資料館の支配人・高橋誠之助《たかはしせいのすけ》さんは話します。

「ニュージーランドのレストラン経営者が『幸之助のすべてが分かるところと聞いたので、是非、資料館を訪問したい』と電話をくれました。日本に来るのはこれが初めてといいます。わざわざ資料館を見学するために来日するというので驚きました」

## 「楽土《らくど》」への執念

松下資料館を、支配人の高橋さんは「松下幸之助の百科事典」と表現します。一階の経営図書館に並ぶ資料は約五万点。松下幸之助の語録や著書、さまざまな人が松下幸之助について書いた本、国内企業の社史、経営に関する書籍、研究資料、松下電器産業の歩みを記録したビデオテープなどが所蔵《しょぞう》されています。二階では、「松下哲学」をパネルや音声で紹介。真々庵の茶室を模した和室もあります。

「百科事典」とはよく言い当てたもので、それほど広い施設ではないのですが、中身が濃く、じっくり見学すれば丸一日あっても足りません。私は、ある午後を目一杯かけて資料館を見て回ったのですが、消化不良で終わってしまった気がしています。

限られた時間でしたが、その中で最も思い知らされたのは「経営」という言葉の奥深さでした。「経営」というと、私たちは、企業を動かすという意味で理解しています。しかし、松下幸之助は「人生も、家庭も、企業も、国家も、およそ人間が計画を立てて行う営みはすべて経営である」としました。

あらゆる「経営」を通して目指したのは、「楽土の建設」、つまり理想社会、ユートピアの創造です。

「経済的な豊かさ」「心の豊かさ」「国家制度の豊かさ」を追求することを手段の三本柱に、目的に辿《たど》り着くまでの道筋を綿密に描き、なおかつ生涯を通して絶えずそれを実行してきました。濃密な人生が詰《つ》まった資料館を、半日で見学しようという私の計画は、何とも軽率でした。

楽土の建設を目指しての実践は、晩年まで続きます。二十三歳で会社をおこし、経済的な豊かさを追求しました。五十一歳でＰＨＰ研究所を開設して心の豊かさを追求しました。そして八十四歳で松下政経塾を開き、政治というアプローチから国家社会の豊かさを追求しました。

政経塾の五誓《ごせい》の一つに「素志貫徹《そしかんてつ》」があります。晩年の床《とこ》にあってもなお、政経塾の塾生を呼び寄せて楽土の建設という自らの「素志」を託《たく》した松下幸之助。私は直感的に、「もはや執念だ」と思いました。

見学を終えた午後五時。資料館を去る時、「来館の記念に」と、支配人の高橋さんが一枚のカードをくれました。そこには、こう書いてあったのです。

青春

青春とは心の若さである
信念と希望にあふれ勇気に
みちて日に新たな活動を
つづけるかぎり青春は永遠に
その人のものである

松下幸之助

「短く、解《わか》り易《やす》い言葉で、考えを説く人でした」。幸之助氏と接点のあった多くの人が、こう振り返ります。その通りだと思いました。私は、帰りがてらに手にした一枚のカードの、短い文章の中に、「執念」の源《みなもと》を見たのでした。

## 「一人ひとりが創業者」

一九二五（大正十四）年の「歩一会《ほいちかい》」の春期行事で撮影された集合写真が、大阪府門真市の松下電器歴史館に展示されています。幸之助を含む三十人余りが力強い視線でこちらを見つめているものだから、思わず立ち止まってしまいました。

「歩一会」は、松下電気器具製作所の開業から三年目にあたる一九二〇（大正九）年に、以下のような趣旨で設立されました。

「……松下電器の将来は、全員一体をなした精神から出発するにあらざればとの考えから松下電器の従業員は全部歩一会員であり、歩一会員にあらざれば松下電器の従業員にあらずとの観念をもつにいたり、所主《しょしゅ》も従業員も、皆ひとしく歩一会員なりとの鉄則をもって結成された……」（『私の行き方　考え方』PHP研究所）

歩一会は、大運動会や演芸会などのレクリエーションを通して社内親睦《しんぼく》を深め、それが本業における一致団結につながっていきます。

組織に属すると、往々《おうおう》にして「会社の歯車として、仕事を無難《ぶなん》にこなせばいい」という気持ちが芽生えてきます。大きい会社であれば、なおさらです。幸之助は「社員稼業《かぎょう》」「自主責任経営」という言葉を使い、こうしたサラリーマン根性を戒《いまし》めてきました。

創業者、経営者には、一つの会社を存続、繁栄させるために、常に責任感と危機感を持った行動と意思決定が求められます。一人ひとりがそうした創業者、経営者の心意気で仕事に取り組めば、そこに働く喜び、辛《つら》さを乗り越える強さが生まれる、との考えです。

現在の松下電器にも、そのＤＮＡは受け継がれています。「一人ひとりが創業者」という経営スローガン。初めてその言葉を聞いた時、私は身震いするような感動を覚《おぼ》えました。

随所にそのＤＮＡを見つけることができます。彼ら――経営陣から、私と同じ世代の若手社員まで――は「幸之助創業者」「松下創業者」という呼び方をします。その声には、厳《おごそ》かな敬意に裏打ちされたような温かさを感じて、私はいつも感心させられるのです。

もはや生前の幸之助と接点を持った人は、社内にほとんどいません。しかし彼らは、あたかも松下幸之助と毎日顔を合わせて、心から創業者と通じているような、そんな不思議な感情を私たちに抱かせるのです。

松下電器産業に就職が決まると、幸之助の著書「私の行き方　考え方」（ＰＨＰ研究所）が手渡されます。新入社員研修では、資料館や松下電器歴史館を見学します。

日々の業務においては、「産業人タルノ本分《ほんぶん》ニ徹シ　社会生活ノ改善ト向上ヲ図リ　世界文化ノ進展ニ寄与《きよ》センコトヲ期ス」「向上発展ハ各員《かくいん》ノ和親協力ヲ得ルニ非《あら》ザレバ得難《えがた》シ《し》各員至誠《しせい》ヲ旨トシ一致団結社務《しゃむ》ニ服スルコト」の綱領・信条（昭和四年に発表、その後昭和二十一年に改定）を、朝礼で唱和。創業者の心に触れ、松下電器の後世を任された社員一人としての心構えを身に付けていくのです。

松下電器本社の構内にある松下電器歴史館では、毎年四月から六月までの企画展が催《もよお》されます。テーマは、年初に発表された経営方針に関連するもの。松下電器が一年間を通して目指すところを、創業者の思想や会社の歴史とオーバーラップさせることで、社員一人ひとりが今一度、再認識しようという狙いがあります。ここにも「全社員が心を一つに」という姿勢が現れているといえます。

二〇〇四年は、時代は変わっても変わらぬ使命があることを訴えた「松下幸之助の志～Panasonic ideas for lifeの原点～」、二〇〇五年はＣＳＲ（企業の社会的責任）が注目されているのにちなみ、「松下幸之助とCSR―持続可能な社会の実現を目指して」を、それぞれ開催しました。中村邦夫社長は、毎回欠かさず足を運ぶといいます。

## 心の拠《よ》り所を見つける幸せ

松下電器の社員はうらやましいと思います。彼らへのメッセージとして、創業者が自らの思想をしっかりと残してくれているからです。「一人ひとりが創業者」「創業の精神を共有せよ」と言われても、そもそもの創業の精神が何たるかが分からなければ、いくら優秀な社員でも、それは無理な話なのですから。

勤労や教育の場から、教育勅語《きょういくちょくご》、偏差値、終身雇用、年功序列《ねんこうじょれつ》(注)などという、かつて普遍《ふへん》とされた「機軸」が消え去り、道徳や、日本人としての誇り、家族や故郷への愛など、古くから日本人が大切にしてきた心の「拠り所」が軽視されつつあります。

松下電器はここ数年で、エレクトロニクス業界の、そして産業界全体の「勝ち組」と呼ばれ、不況からの力強い回復力の象徴となりました。それは、松下電器の社員一人ひとりが、急激に変化する社会において、何が求められているか、産業人として何をすべきかを判断する「機軸」――「松下幸之助ならばこうしただろう」という判断の「拠り所」――を持っているからでしょう。

私たちが今、松下幸之助という人の人生に学ぶ意義は、こんなところにあると思うのです。

……………………………

＊ハイタッチ・リサーチパーク　関西文化学術研究都市の一角。異業種の研究機関などが集まり、二十一世紀のライフスタイルを追求する活動を展開している。

＊終身雇用、年功序列　旧来の日本型の雇用スタイル。定年まで雇用が保障され、給与や待遇、地位などは、経験や年齢に沿って一定の上下が付けられる。

# 第三章

# 時代を超えた夢、発想、信念

# 第一節

## 松下幸之助の人生
## 豊かな発想が時代をつくった

## 丁稚奉公で商人の気概を学ぶ

一八九四（明治二十七）年、十一月二十七日、和歌山県海草郡《かいそうぐん》和佐村（現在の和歌山市）の旧家に、幸之助は、八人兄弟の末っ子として生まれました。松下家は、江戸時代に地主の階級だった資産家です。幸之助は、樹齢《じゅれい》八百年の松の大木の下の温かな家庭で、人生のスタートを切りました。

ところが、父の政楠《まさくす》が、米相場で失敗をしてしまいます。幸之助が四歳の時、家族で故郷を後にし、和歌山市に移り住んだのです。父は大阪に単身赴任で働きにでかけ、家族を養いました。

そのうち、小さな幸之助にも働きに出る話が舞い込みました。商家に住み込んで衣食住の面倒を見てもらいながら、子守や商いの手伝いをする、いわゆる「丁稚奉公」です。幸之助は、まだ九歳。小学校は四年生で中退しなければなりませんでした。

末っ子で特に甘えん坊だった幸之助が、お母さんのもとを離れて暮らすのです。

幸之助が、一人で列車に乗って大阪に向かう日。お母さんは、他の乗客に対し、

「息子をよろしくお願いします」

と、何度も何度も頭を下げました。この光景は、大人になっても幸之助の心に強く焼き付いており、さまざまな場面で母への感謝を語っています。

丁稚奉公先として、最初にお世話になったのが火鉢《ひばち》店です。一生懸命に仕事をしましたが、子どもですから、夜はさすがに寂しいものです。

「お母さんが恋しい、家族に会いたい」

しばしば、布団の中で涙を流すことがありました。

この火鉢店が店をたたむことになると、今度は自転車屋に奉公先を移しました。幸之助は、ここで、自転車の修理や店番、掃除、お客へのお使いなどを任されます。

ちょうどこの店は、大阪で「船場《せんば》」と呼ばれる商売の盛んな町にありましたから、日々の生活を通して商売の心や礼儀を身に付けることができました。幸之助は大人になってから、その経験を振り返り、「船場学校」という言葉を使い、奉公先での貴重な経験に敬意を表しています。

## 煙草《たばこ》を買い溜《だ》めする

自転車屋でのエピソードに、幸之助の発想の豊かさを感じさせる、面白いものがいくつかあります。

「煙草を一箱買ってきておくれ」

店に出ていると、こうお客さんに頼まれることが、一日に数回ありました。頼まれるたびに何度でもお使いに行きます。

ところが、幸之助はふとひらめきました。

「一度にまとめて買ってきたほうが、自分も時間を有効に使えるし、お客さんも待たせないだろう」

当時、煙草屋では二十箱買うと一箱おまけをしてくれたそうです。毎回、お客さんから正規の値段を受け取れば、一箱分の料金がお小遣いとして幸之助に残ることになります。

少しズル賢《がしこ》いかも知れませんが、幸之助は、小さいながらも、こうした工夫する知恵を持った少年だったわけです。「堅《かた》い子ども」と褒められもしましたが、一方で奉公仲間たちの反感を買い、また一箱ずつ買いに走るようになったそうです。

## お客さんを裏切れない

また、初めて一人で自転車を売ったエピソードには、お客さんを裏切らないという信念の強さがよく現れています。

それは、店番をしている時のことでした。

お客さんの一人から

「自転車を見せてください」

と連絡が入ります。

あいにく担当者が留守だったので、主人から

「お前が行っておいで」

と、当時十三歳の幸之助に白羽《しらは》の矢が立ちました。

「お客さんに喜ばれるといいなあ」

当時、自転車はとても高価なもので、今でいう自動車と同じような感覚。一台を売るのも、大仕事だったのです。大役を任された幸之助は、張り切って出かけました。

もともと商売に関心を抱いていた幸之助ですから、お客さんを前に、ここぞとばかりに商品の説明をしました。

その熱心さに心を打たれたお客さんは言いました。

「買いましょう。でも一割引いてください」

幸之助は、とにかく初めて自分一人で自転車を売ることができると喜び、この話を主人が待つ店に持ち帰りました。

ところが主人の反応はこうでした。

「割り引くわけにはいきません」

しかし、一割引きで買いたいというのが、お客のたっての願いです。

「何とかまけてあげてください」

幸之助は泣いてお願いし、主人を困らせました。

お客との約束は破れない、という頑固《がんこ》な思いがあったのでしょうか。幸之助の心意気を

「一人前に自転車を売りたい」

知ったお客さんは、結局、五分《ごぶ》（一割の半分）引きで自転車一台を買ってくれました。

「お前（幸之助）がこの店にいる限り、自転車はここから買う」

と言ってくれたそうです。

## 「これからは電気の時代だ」

大阪の街を電車が走るようになりました。一九〇八（明治四十一）年のことです。

いつものように自転車屋のお使いで街に出ていた幸之助は、電車を見て思いました。

「これからは電気の時代だ。しかし、電車が走ると、自転車が今までのようには重宝《ちょうほう》されなくなるのではないか」

電気の時代の到来《とうらい》に期待すると同時に、今の自転車屋での勤めに一抹《いちまつ》の不安を覚えました。この思いは、「いつか電気の仕事がしたい」という希望に変わります。松下電器をスタートさせる希望の種は、電車との出合いから生まれたわけです。

そうなると、自分の夢に背いて自転車屋で働き続けることはできませんでしたから、自転車屋を辞めることを決意します。ところが、これまで大変お世話になった自転車屋の主人やおかみさんの恩を思うと、どうしても事情を話すことができません。心を痛めた幸之助は、母親が病気だと嘘《うそ》を付いて、休暇をもらうことにしました。

名目《めいもく》は休暇ですが、自転車屋には、もう戻らないのです。申し訳なさで小さな胸をいっぱいにして、着物一枚だけを持ち出して、お世話になった奉公先を飛び出しました。

## 「なんて運のいい人間なんだ」

自転車屋を辞めた後、幸之助は大阪電灯《おおさかでんとう》という会社に就職します。しかしその少し前、大阪電灯で社員の募集があるのを待つ間、港でセメントを運ぶ仕事をしました。仕事を終えて桟橋《さんばし》で休憩していると、風が吹いてきて、川に落ちてしまったのです。無我夢中で泳ぎ、何とか船に助け上げられました。九死に一生を得るとは、まさにこのことです。

良くしてくれる奉公先の自転車屋は辞めてしまいましたし、まだ希望の就職はできません。そして、重労働の果てに、海に落ちて死にそうになったのです。

普通ならば、「なんて運が悪いんだ」と自暴自棄《じぼうじき》になってもおかしくない状況です。ところが、幸之助は「俺《おれ》はなんて運の良い人間なんだ」と思ったそうです。こんな不運な目に遭《あ》いながら、ありがたいことに助かった、と。

逆境《ぎゃっきょう》をバネにするプラス思考の持ち主であったことを伝えるエピソードです。

## 逆境を糧に

大阪電灯では、配線工事担当者に同行して、電灯の新設工事を手伝うことから始めました。見習工《みならいこう》という立場ですから、工事担当者の仕事回りの世話（水くみや道具の整理）など細かい仕事を任されます。当時は、急速に街に電気が引かれ、仕事は大忙しでした。

進んで仕事に励んだお陰で、幸之助は、三カ月という異例のスピードで工事担当者に昇《しょう》格《かく》しました。二十歳前後の年上の見習いを従えての仕事です。その後、さらに上級の検査員という立場に昇格し、六年余りにわたり、この会社で電気の仕事の経験を積みました。

この間、幸之助はお見合いをして、井植《いうえ》むめのという女性を妻としてもらいました。家族ができて仕事に精を出す一方で、もともと弱かった体に不調が出て「肺尖カタル」という病気を患いました。また、独自に開発したソケット(注)が上司に認められず、悔《くや》しい思いもしました。

こうした出来事が重なり、幸之助は独立を決意します。大阪市内を走る電車を見て抱いた「電気の仕事がしたい」という夢を、いよいよ自分の力で形にする時が来たのです。とはいえ、弱冠《じゃっかん》二十二歳の時のことです。

## 産業全体のために、秘密をつくらない

幸之助は一九一八年、妻むめのと、その弟である井植歳男《としお》(のちに三洋電機を創業)の三人でソケットを製造する仕事を始めました。大阪市の借家《しゃくや》の一室が、小さいながら、三人にとっては夢の工場です。

ソケットの材料となる練《ね》りものの製造は難しく、どこの工場もそのつくり方を秘密にしていました。練りものがつくれなければ始まりません。そこで、その製法の秘密を探るべ

く、詳しい人に尋ねたり、練りもの工場に出かけ、工場の周辺に散らばったかけらを拾ったりして、研究を重ねました。

しかし、そんな努力を重ねてつくったソケットが簡単に売れたのではありません。資金にも限りがありますから、着物を質屋に入れたりして、ひたすら夢を追い続けたのです。

ある時、扇風機《せんぷうき》の部品をつくる仕事が舞い込んできました。当時、扇風機の碍盤《がいばん》というのは陶器《とうき》製が主流だったのですが、練りもので新しい製品をつくりたいと考えていた工場から、練りものでの製造を始めた幸之助に、大量の注文が入ったというわけです。

こうして幸之助の工場にも、活気が生まれていきます。本業とする配線器具の製造にも力を入れ、大阪市大開町の借家に移ることにしました。

これまでの借家よりもずっと広い家です。一階を工場に、松下電器産業の前身、松下電気器具製作所としてのスタートを切りました。この借家は、その後「創業の家」と名付けられました。創業の家は、松下電器と、経営者・松下幸之助の原点なのです。

創業後、アタッチメントプラグや二股《ふたまた》ソケットの製造を手がけ、会社は順調に成長していきました。社員も雇《やと》うようになりました。

先ほど、練りもののつくり方はどこの工場も秘密にしていたことを紹介しましたが、一般に、つくり方というのは、ライバルとなる他の工場に教えないどころか、工場の中でも一部の人しか知り得ない門外不出《もんがいふしゅつ》の技術とされていました。つくり方が漏《も》れてしまっては、ライバルが増えます。その会社の死活《しかつ》問題となるわけです。

しかし、幸之助は、そんな状況に首をかしげました。

「一緒に仕事をしている誰もが練りもののつくり方を心得《こころえ》ているほうが、作業がうまく進むのではないか……」

秘密は、人材を育てる上でも、事業を大きくする上でも障害になると考えたのです。

「練りもののつくり方を、従業員にも広く教えることにしよう。貴重な技術であることをしっかりと伝えておけば、何も悪気《わるぎ》を持って秘密を漏らす人はいないだろう」

幸之助の期待に対し、従業員も、信頼されて責任ある仕事を任されているという気持ちを持ちますから、誇りを持って一生懸命に仕事に励んでくれるでしょう。

これよりも少し後、ラジオづくりについても同じようなことに取り組んでいます。

日本では、一九二五（大正十四）年にラジオ放送が開始され、幸之助たちも三〇（昭和五）年にラジオづくりを始めました。

当時、ラジオづくりに関する特許《とっきょ》は、ある発明家が持っていました。他の会社がラジオをつくる上で、その特許を侵害《しんがい》するような製品はつくれませんでした。特許、つまり製造方法の秘密が、良い製品を誕生させる上での足かせになってしまっていたのです。それは、業界の発展にとっても、消費者の生活文化の向上にとっても、決して良いことではありません。

これを憂《うれ》えた幸之助は、その発明家から特許を買い取った上で、みんなが自由にその技術を使ってラジオがつくれるように、無料で特許を開放したのです。

## 人のために汗を流す姿に心を打たれる

一九三二年五月五日、松下幸之助は、社員を前に松下電器の社会的役割や目指すところを発表しました。三人で始めた会社は、創業から十四年目のこの時までに、千八百人もの従業員を雇う会社に成長していました。

「産業人の使命は貧乏の克服《こくふく》である。そのためには物資の生産に次ぐ生産をもって、富《とみ》を増大しなければならない。水道の水は、通行人がこれを飲んでもとがめられない。それは量が多く、価格があまりにも安いからである。産業人の使命も、水道の水のごとく、物資を安価無尽蔵たらしめ、楽土を建設することである」

これが幸之助が発表した、松下電器という会社の存在意義、そして達成すべき目標です。このような、社会の発展のために働くという考え方は、ある人々がボランティア活動をする様子を見て、思いついたといいます。

松下幸之助は、知り合いに誘われて、ある宗教の本部を見学しました。実は、それまでの幸之助は、寺などを見て回ってもあまり深い感慨《かんがい》を得なかったそうなのですが、この時ばかりは違いました。

ちょうど、建物の修繕《しゅうぜん》作業が進められているところで、信者たちが一生懸命に仕事をしています。皆、報酬を得ない奉仕《ほうし》の身であり、また建材などは信者たちにより奉納《ほうのう》されたものでした。熱心に、喜びに満《み》ち溢《あふ》れるようにして奉仕する人々を目《ま》の当たりにし、幸之助は、感激に身を震わせました。

帰宅途中、従業員が喜び勇《いさ》んで働く会社の経営ということについて、強く思いを起こしたのです。経営への意欲、夢がぞくぞくと湧《わ》き出てきます。そんな高揚心《こうようしん》が、「松下電器は社会の発展のために働く」という信念を抱《いだ》かせたのです。

## 働く人を大切に

松下幸之助をはじめとする経営者、その下で働く多くの従業員が使命感を共有し、世の人々が求める製品、人々の暮らしをより豊かにする製品をつくる中で、松下電器はどんどん大きな会社になっていきました。

時代は、第二次世界大戦のころ。軍から松下電器に、木造船や木造飛行機をつくってほしいという依頼がありました。そして、松下造船、松下飛行機という二つの会社を設立します。

電機メーカーとしてやってきた松下電器にとって、船や飛行機をつくるのは初めてです。戦争中ですから、物資や機械設備も豊富にあるわけではありません。ラジオやランプの製

「世のため人のために喜んで汗を流せる会社をつくろう」

造を通して、ものづくりの工程《こうてい》をわきまえていましたから、努力と工夫を重ねることで、無事に軍からの注文に応じることができました。

しかし、敗戦後、この二社の活動がもとで困った事態を招きます。日本が一時的に連合軍の統治下に置かれた際、国内の統治を任されていたGHQ(注)から、「松下電器は戦争を手助けするものをつくって戦争を手助けした企業」と名指しされ、会社とその経営陣に対し、さまざまな制限が設けられました。

戦争の賠償《ばいしょう》金の一部を負担することになった一方で、軍需《ぐんじゅ》会社に対する国からの補償は打ち切られました。会社の資産を自由にすることが許されず、幸之助自身も財産の贈与《ぞうよ》や譲渡《じょうと》なども禁止されました。

この制限が一九四八（昭和二十三）年まで約二年間にわたって課《か》せられ、会社経営にとって多大《ただい》な影響が生じました。

さらに、松下幸之助は公職追放《こうしょくついほう》を受けます。公職とは、会社や公共の組織で社会活動を行うために与えられた役職です。人一倍、社会の役に立ちたい、良い社会づくりをしたいと意欲を持っていた幸之助ですから、非常に痛手と感じたことでしょう。さらには、松下電器の社長の役目も追われました。

こうした事態に直面した松下幸之助を何とか助けようと立ち上がったのが、労働組合でした。幸之助の名誉回復を求め、嘆願《たんがん》運動などを繰り広げたのです。

労働組合は、雇われる立場の従業員たちの組織です。雇い主である会社、つまり経営陣に対して、雇用の条件や環境の整備、賃金アップなどを求め、勤めやすい会社にするよう働きかける活動をします。

労働組合を組織し、活動することは、労働者に与えられた権利です。日本には、戦後の一九四五（昭和二十）年十月に、ＧＨＱによってその仕組みが持ち込まれました。松下電器でも、一万五千人の従業員によって労働組合が組織されました。

一般論として、組合活動というのは時に、経営陣と強く敵対するものであったり、ストライキ(注)、破壊行動などの実力行使に踏み切ったりという場合があります。

しかし、松下電器の組合員たちは、雇い主の名誉回復のために力を惜《お》しまなかったのです。それはなぜでしょうか。

「正しい経営と正しい組合活動は必ず一致する」「労使が謙虚な態度で会社のことを考え

れば、必ず分かり合える」

幸之助はそう信じ、組合にもこの思想を発信していました。これを、組合側も歓迎の心で受け止めていました。

こうした双方の信頼関係が、戦後の苦しい時、経営トップが一大事に直面した時に、大きな効果を発揮したということです。

## 心を育《はぐく》む場、PHP研究所を設ける

戦後に厳しい状況にさらされたのは、松下電器や幸之助に限ったことではありません。日本社会のあらゆる部分に歪《ゆが》みが生じ、人々は心の豊かさを失っていました。

松下幸之助はこれまで、松下電器の事業を通して物心ともに豊かな社会の実現を目指してきただけに、戦後の日本を目の当たりにして、非常に気を落としました。

「これは、あるべき日本の姿、日本人の姿ではない」

そこで、経済活動とはまったく異なるアプローチで、理想の社会づくりを進めようと決意します。

そして一九四六年十一月に創設したのが、ＰＨＰ研究所です。ＰＨＰとは、Peace and Happiness through Prosperity（繁栄によって平和と幸福を）の頭文字です。

ＰＨＰ研究所では、月刊誌や書籍の出版、講演、研究活動などを通して、心身ともに豊かでだれもが平和に暮らせる社会づくりにむけた啓蒙《けいもう》活動を行っています。

## 世界の企業と対等な立場で

戦後、「これからの松下電器は、世界を舞台にした事業を展開しなければならない」と、松下幸之助は世界に目を向け始めます。一九五一（昭和二十六）年、幸之助は初めて米国を視察しました。

米国の大企業の工場を見学したり、米国の消費行動を研究したり、町の様子を通して人々の生活に触れたりしました。工場で働く人々が、同じ立場の日本人よりも何倍も高い給料をもらっているという現実にも直面します。こうした側面が折り重なって、米国を豊かな国にしていることを知ると同時に、それを根本《こんぽん》で支えているのが、成熟した民主主義や社会保障制度であることにも気付かされました。

当初、一カ月だった滞在期間を三カ月と大幅に延長。初の海外視察は、実りの多いものとなりました。

さて、松下電器が世界で活躍する道のりの中で、松下幸之助は、一つの海外戦略としてオランダの電機メーカー、フィリップス社との提携を図ります。なぜなら、米国を訪れた際に、外国企業が日本企業よりも一歩先を行く技術力を持っていることを知り、それを進んで取り入れることが、松下電器のため、そして日本社会のためになると考えたからです。

フィリップス社と松下電器とで一つの新しい会社を立ち上げることで、交渉を進めました。フィリップス社は新会社に技術を提供する見返りとして、技術指導料を支払うよう、松下電器に要望しました。幸之助は、教わる立場をわきまえ、その条件をのみました。

新会社は、日本に設立し、松下電器が経営を担います。ここで松下幸之助は、はたと考えました。

「製品づくりの技術について教えを請う一方で、松下電器は経営の技術を提供する。松下電器は、フィリップス社から経営指導料を受け取る立場にあるのではないか」

松下幸之助の提案に、フィリップス社の交渉担当者は驚きました。経営指導料など、今まで支払ったことがないばかりか、聞いたこともなかったからです。

しかし、松下電器は、頑《かたく》なに主張を貫きました。その強固な決意と、熱心な交渉姿勢に、遂にフィリップス社は折れます。互いに、指導料を支払うかたちで、提携の取り決めに調印しました。

新会社は、松下電子工業として一九五二（昭和二十七）年にスタートを切りました。二〇〇〇年の松下グループ再編の過程で、松下電器の社内分社となり、現在に続いています。

## 「松下電器が悪かった」

時代の波にもまれながらも、さまざまな工夫や発想、大胆《だいたん》な戦略でもって、ぐんぐんと会社を大きくしていった松下幸之助ですが、常に順風満帆《じゅんぷうまんぱん》だったというわけではありません。

私たちの日常と同じく、気持ちいいほどにカラッと晴れた青空の日もあれば、空が厚い雲に覆《おお》われて荒れ狂う予感がする日、バケツをひっくり返したような大雨の日もあるわけです。

会社や経済社会にとって、大雨とは「不況」です。一九六五（昭和四十）年前後の日本は、「四十年不況」と呼ばれる苦境《くきょう》に直面していました。

松下電器も例外ではありません。特に、松下電器がつくったテレビや洗濯機、電池やランプなどを販売する系列の販売代理店などは、製品を買い求める消費者と直接に対面しているだけに、不況下に商品販売が振るわないなどの苦しみを、一番に感じていました。

松下電器は、全国に「ショップ店」を抱え、販売網を築いています。ナショナル製品、パナソニック製品を扱っている家電販売店のことです。

松下電器がいくら素晴らしい製品をつくっても、消費者にその良さを伝え、販売してくれる人がいなければ、会社は成り立ちません。ショップ店は、販売から修理までを進んで行う、街角の電器屋さんの役割を担い、松下電器の発展の一翼《いちよく》を担っていました。さらに、消費者がどんな製品を求めているのか、よく分かっているのもショップ店でした。

フィリップス社との提携

その大切なショップ店が、不況に喘《あえ》いでいる。幸之助は、店主《てんしゅ》や社長という立場の人々を集めて、その声に直接に耳を傾ける会を開くことにしました。この懇談会《こんだんかい》は、一九六四（昭和三十九）年に静岡県・熱海のホテルで開かれたことから、「熱海会談」と呼ばれています。

懇談会には、全国の百七十もの店から出席がありました。みんなが、店舗経営の苦しさや、そこから生じる松下電器への不信感を抱えてやって来たのです。

この時、松下幸之助は既に社長を引退し、会長というさらに上の立場から、経営を見守っていました。その幸之助を前に、始めは遠慮をして、なかなか思いを言葉にしなかった出席者たちでしたが、少しずつ、切実な心のうちを発表してくれるようになりました。

出席者の声を聞きながら、松下幸之助は、松下電器とその販売店が、当初考えていたよりも深刻な状況に置かれていることを知ります。

「販売店が一層の努力をすれば、好転の糸口が見つかるのではないか」

という気持ちも、心をかすめました。

なんと、松下幸之助と販売店の代表たちの話し合いは、三日にわたり続きました。

その間、壇上《だんじょう》で悲痛な叫びに耳を傾けていた松下幸之助は、松下電器の歩みを振り返っていました。

「製品を販売してくれる販売店の存在があったからこそ、会社はここまで大きくなれたのではないか……。それを自分は忘れてはいまいか……」

そして、松下幸之助の口をついて出たのは、こんな言葉でした。

「結局は松下電器が悪かった。この一語に尽きると思います。……（中略）……不況なら不況で、それをうまく切り抜ける道はあったはずです。それができなかったのは松下電器の落ち度です。本当に申し訳ありません」（松下幸之助　私の履歴書「松下幸之助　夢を育てる」日経ビジネス文庫）

さらに、創業時のランプ販売から続く恩顧《おんこ》に感謝を示し、安定経営に向けての改革を約束しました。

いつのまにか、幸之助の目からは涙が溢れていました。最後は言葉にならないほど胸に迫るものがあって、その様子を固唾《かたず》をのんで見守っていた出席者の中にも、涙を流す人があったといいます。

その後、幸之助は、出席者一人ひとりに「共存共栄《きょうぞんきょうえい》」と書いた色紙《しきし》を贈りました。松下電器で副社長まで務め、退職後に衛星放送番組などを提供する会社「ＷＯＷＯＷ」の社長、会長になった佐久間昇二《さくましょうじ》さんは、この「共存共栄」の言葉をとても大切にしています。

「創業者（松下幸之助）には、『営業の諸君は、商品を売る前に経営理念を売れ』と言われました。では、どういう言葉を使って経営理念を売ったのかというと、『共存共栄ですよ』と訴えたのです」

営業本部長だった当時、佐久間さんは常にこの言葉を胸に刻《きざ》み、国内外での営業活動に力を注いだといいます。

## 五千年後の人々へのメッセージ

日本では、二〇〇五年三月から九月にかけて、愛知県を舞台に、「愛・地球博」の愛称で国際博覧会が開催されています。日本をはじめ、世界の代表的な文化や技術、思想が紹

販売会社の人々を前に話をする松下幸之助

介され、世界各国から集まった人々が、相互理解を深めています。

一九七〇（昭和四十五）年には、同じ国際博覧会として、「人類の進歩と調和」をテーマにした大阪万博が催されました。その入場者数は約六千四百万人にのぼり、その盛況《せいきょう》ぶりは現在に語り継がれています。周囲の人々は、幸之助が万国博覧会協会の会長になることを期待していたのですが、さまざまな理由から辞退《じたい》しました。

松下幸之助は、あるインタビューで、辞退の理由を次のように打ち明けています。

「ああいう仕事（会長職）は、世界各国と非常な交渉がありますが、そういうときに僕が英語ができないということが、致命的《ちめいてき》な欠陥《けっかん》だと思うのです。はたの人（通訳）にやってもらえばいいと言うても、それでは能率があがりませんよ。……（中略）……そういう意味において、僕はああいう会長には適さない男だと思うのです」（総合ビジネス誌「財界」一九六六年新年特大号）

家庭の事情で小学校に四年生までしか通えなかった松下幸之助です。小学校四年生というと、やっと読み書きそろばんの基礎を身に着けたところ。新聞を読んで理解するのにも、少し不便を感じる程度の学力です。

しかし、松下幸之助は、その時々に自分のできることを精一杯にやり通し、家族ら三人で始めた会社を、この時までに世界に知られる大企業に育てました。分からないことは分からない、できないことはできないと、素直な心で自分の本質を見つめ、自分に足りないところは周りの人から教えを請う、つまり衆知を集めることでやってきたのです。

世界を舞台に仕事をする大企業の主が、「僕は英語ができない」と公の場で口にすることは、たいへんな覚悟が必要です。誰にでも、大小は別にしてプライドがありますから、素直に言えない人も当然いるはずです。

実際、この「英語ができない」ということについて、松下幸之助は、かなり以前からその不便さを感じていたようです。会合などで日本語の議論を聞いていても、外来語や、日本語として日常的に使われるようになった英単語の意味を理解できないことがありました。そして、若い社員に、小学校をまともに卒業できなかったことや、英語が苦手であることなどの訳《わけ》を打ち明け、そうした言葉と意味を書き出してくれるようにお願いしました。

頼まれた社員は、「社長ともあろう人が……」と思ったそうです。「英語もできないなんて」という軽蔑《けいべつ》の意味では決してありません。「社長ともあろう人が、自分のような立場の者に素直に打ち明けてくれるとは、なんと素晴らしい人なんだ」という意味です。

万博の会長に関しても、「自分には務まらない大役《たいやく》だ」と辞退した松下幸之助には、素直な心や謙虚さを感じさせられます。

さて、大阪に本拠地を置く松下電器ですから、日本を代表する企業の一つとして、万博には盛大に参画《さんかく》しました。「伝統と開発・五千年後の人びとに」をテーマに、企業パビリオン「松下館」を開設しました。五千年後の人間、社会、地球の様子を想像することは、並大抵のことではありません。人間が、果たして今の私たちと同じようないで立ちをしているかさえ、未知《みち》の領域です。

万博で、五千年先を見据《みす》えてメッセージを発信するというのは、二百五十年後の会社の姿を考えて経営目標を立てた幸之助の発想に通じるものがあります。

松下館の展示の目玉は、「タイムカプセルＥＸＰＯ70」。五千年後に伝え残したい物や文化、二千九十八点を詰め込んだものです。五千年先までその形や質が保たれるよう、高度な保存技術が用いられました。

収納品はというと、その多種多様さから、列挙《れっきょ》にいとまがないのですが、例えば、そろ

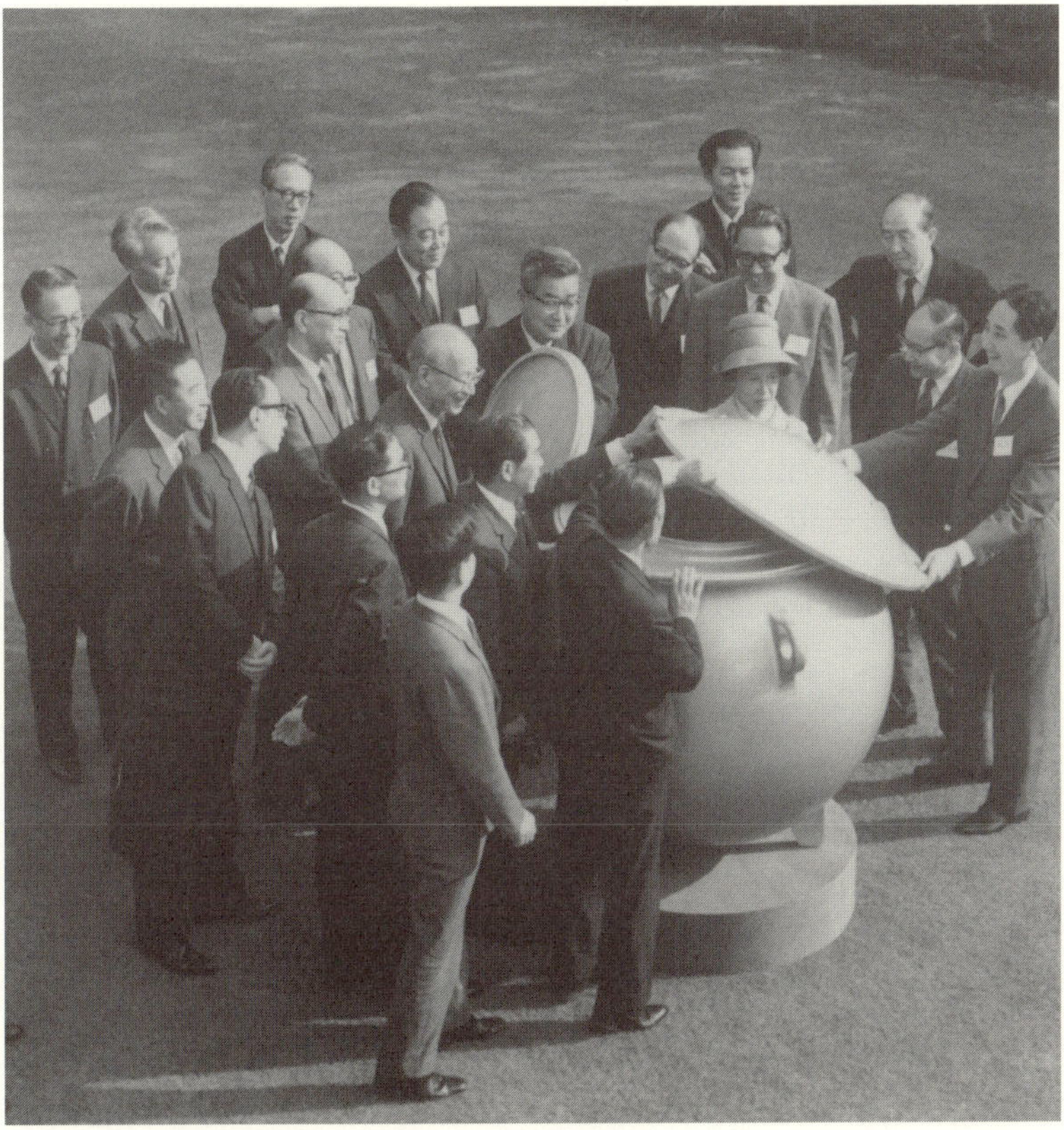

たくさんの品をつめたタイムカプセル

ばん。これは、既に電卓やレジスター、パソコンなどに取って代わられ、今では珍しい品になっています。また、筆箱《ふでばこ》と鉛筆削りも、ノートや鉛筆代わりにパソコンを使うかもしれない未来の学校生活では、使われなくなっているかもしれません。日本を代表する作家でノーベル文学賞を受賞した川端康成《かわばたやすなり》さんの小説「雪国」や、古典文学の代表格として今なお親しまれている「源氏物語」なども収められています。

このタイムカプセルは、二つ用意され、万博終了後は、大阪城公園の大坂城本丸跡の地下に埋められました。一つは、五千年後まで一度も開封されないもの。もう一つは、保存状態などを観察するために、定期的に開封されるものです。

後者のカプセルは、万博から三十年後の二〇〇〇年三月に、第一回の開封の時を迎えました。その後は、百年ごとに開封される予定になっています。

さまざまなパビリオンの中でもトップクラスの人気を集め、連日のように入館待ちの長い列ができていました。会場を訪れていた幸之助は、日照《ひで》りの強い夏などは、せっかく足を運んでくれた人々が気分や体調を損ねてしまいかねない、と考えました。そこで急遽《きゅうきょ》、日傘《ひがさ》や帽子を用意するという心配りをしました。

＊ソケット　電線の先端に取り付けて、電球などを差し込んで電流を導くもの。

＊ＧＨＱ　連合国軍総司令部。日本が敗れた第二次世界大戦の終戦からサンフランシスコ講和条約が発効されるまでの約七年間、日本国内で政府に占領政策を施行させた。

＊ストライキ　労働条件の維持、向上などを訴えるため、労働者が集団で与えられた業務を放棄すること。

## 第二節

# 今に生きる松下幸之助精神
# よみがえった松下電器産業

# 二十一世紀の松下幸之助

二〇〇〇年六月。日本を代表する総合家電メーカーの一つ松下電器産業の、第六代社長に就任したのは、家電製品の営業マンを経て、映像や音楽に関連する機器を扱う米国の松下電器で経営をリードした経験などを持つ、中村邦夫さんでした。

長身で手足が長く、細身。小さな顔に、大きな耳。中村さんを「どことなく松下幸之助に似ている」という人もいます。

一九六二（昭和三十七）年に大阪大学を卒業して、憧れの幸之助が率いる松下電器に入社した中村さんでしたが、幸之助に直接に教えを受けた世代ではありません。しかし、歴代社長の中でも特に、松下幸之助への信奉《しんぽう》心が強い人だと言われます。

座右《ざゆう》の書は、松下幸之助が書いた「実践経営哲学」（ＰＨＰ研究所）。「同行二人《どうぎょうににん》」が座右の銘です。

同行二人とは、もともと四国のお遍路《へんろ》の言葉で、「旅にはさまざまな苦難困難がつきものだが、いつも弘法大師《こうぼうたいし》が見守ってくれていると思って、安心してお参りせよ」という意味です。

中村さんは、常に「創業者なら……」と思いを致《いた》し、経営してきたといいます。

## 松下電器は潰れていた

松下電器は、二〇〇一年度に出した未曾有《みぞう》の大赤字を乗り越えて、「松下電器は復活した」と感じさせるような勢いを持っていますが、それまでの道のりは、決して平坦《へいたん》なものではありませんでした。

中村さんによる、長年の企業体質や伝統を打ち破る構造改革、過去に類《るい》を見ない大規模リストラなどに対し、「創業者精神を何と心得《こころえ》るか」という批判が、社内外から否応《いやおう》なしに向けられました。

しかし、さまざまな改革の成果が会社の業績に数字となって現れ、他社には真似《まね》できない高度な技術や特色を持った商品がヒットを連発するようになると、中村さんの改革の本

中村邦夫・松下電器産業社長

質が見直されはじめます。

二〇〇一年という年は、IT（情報通信技術）関連の企業が軒並み伸び悩んだ年でした。ITバブルの崩壊、IT不況の到来などと言われ、松下電器も当時、その渦中にあったわけです。

幸之助の時代から、業績不調に陥《おちい》る年はありました。不況は、人々の意志に反して自然に起こる波のように、産業社会を襲います。企業というものは、そうした現象に簡単に負けるわけにはいきません。負けるというのは、会社が潰れるということです。従業員や取引先、株主《かぶぬし》など、さまざまな人々の生活を崩壊《ほうかい》させるということです。

企業は、工夫や、時には痛みを伴う大改革をもって、こうした事態を乗り越えなければなりません。幸之助も、製品が売れない時代に販売店の人々を集めて「熱海会談」を開き、窮地《きゅうち》脱出の方策を探ったり、松下電器の会長という立場にありながら自ら営業本部長代理を兼務して販売力強化の指揮を執《と》ったりしました。

しかし、二〇〇一年度の赤字規模は四千億円余りと、松下電器の歴史上でもまれに見る大赤字。当時を振り返り、中村さんをはじめ、松下電器の経営陣は、「松下電器は一度潰れた」「大改革がなかったら、松下電器は潰れていた」としばしば言います。

## やってきた変革の時

幸之助は、「成功の要諦《ようてい》は成功するまで続けることにあり」と言っていました。

さらに、中村さんの愛読する「実践経営哲学」には、幸之助から未来の経営者へのメッセージとして、

「経営というものは、正しい考え、正しいやり方をもってすれば必ず発展していくものと考えられる」

「経営理念を現実の経営の上にあらわすその時々の方針なり、方策というものは、決して一定不変《ふへん》のものではならない。というよりも、その時代時代によって変わっていくものでなければならない」

と書いてあります。

誰よりも幸之助とその経営理念を愛し、理解をした上で、二十一世紀という時代に合わ

せて大きく改革のメスを入れた中村さん。そのリーダーのもとで、「重くて遅い松下」から「軽くて速い松下」へと変貌《へんぼう》を遂げた松下電器。成長と発展に向けて模索《もさく》する現代の姿を通して、今に生きる幸之助精神をフラッシュバックしてみましょう。

## 中小企業の集合体

「松下電器は、ＶＴＲや携帯電話で収益の柱ができ上がった時期もありましたが、その期間は短かった。松下グループと言いましても、トヨタさん（トヨタ自動車）と違いまして一事業で何兆円を売り上げているわけではありません。事業別に見ますと、まあ、中堅企業の集まり、もう少しへりくだってみますと、中小企業の集まりと思っています。ですから、その事業、事業が、業界のナンバーワンをベンチマークして、それぞれの所定《しょてい》利益を上げていくということが理想であります」

中村さんは二〇〇五年一月、記者会見で、こんな発言をしました。

「中小企業の集合体」というのは、中村さんがさまざまな場面で使う言葉です。

社員を集めて開かれる経営方針発表会

松下電器産業を中核とする松下グループは、全世界に三十万人の従業員を抱え、一年間に九兆円を売り上げる大企業です。そのため、「中小企業の集合体ですよ」と言われても、その様子を思い浮かべるのは難しい、という人がいるかも知れません。

中村さんが、日本を代表する大手企業である松下を「中小企業の集合体」と言ったのは、何もへりくだってのことではありません。

私たちは、この言葉から、幸之助が敷いた「事業部制」について、松下電器の歴史と伝統、挑戦などのさまざまな側面を垣間見ることができます。

幸之助は、社員一人ひとりが無限の力を持っていると信じていました。そして、力を発揮できる職場環境をつくらなければいけない、と考えます。能力を存分に発揮し、責任を持って意欲的に仕事に取り組むことができる。これを「自主責任経営」と呼び、これが、ひいては社員の生きがいにつながる、と考えました。

また、「社員稼業」という言葉を使い、たとえ松下電器の社員、つまりサラリーマンであっても、自らが責任を持った一人の「責任者＝経営者」の気持ちで仕事に取り組むように訴えました。

幸之助のリーダーシップと、それに共感する社員たちの頑張りで、会社はメキメキと大きくなっていきました。アタッチメントプラグを作る会社として一九一八（大正七）年にスタートしてから、国民の必需品にしようという意味を込めた「ナショナルランプ」（昭和二年）、スーパーアイロン（同）、初の独自開発製品となるラジオ（昭和六年）など、製品の幅を広げていきました。

製品の種類が増える中、一九二七（昭和二）年、社内に「電熱部《でんねつぶ》」が発足しました。電熱部は、アイロンや電気ストーブなどの事業を担当する部署《ぶしょ》です。

当時の松下電器全体の責任者は、所主《しょしゅ》（社長）の幸之助でした。しかし、会社の規模が大きくなればなるほど、幸之助一人で目を配るのが難しくなってきます。そのため、幸之助は、自分の代わりに電熱事業の一切の責任を負ってくれるリーダーを置いたのです。

一九三三年には、会社の組織を大幅に組み替えて、正式に「事業部制」をスタートさせます。ラジオをつくっていた部署は第一事業部、ランプや乾電池の部署は第二事業部、配線器具や電熱器の部署は第三事業部です。その後、事業部の数はどんどん増えていきますが、それぞれが、製品の開発や生産、販売まで独立して行いました。

事業部のリーダーのもと、社員が知恵と能力を出し合って、消費者はどんな製品を求めているのかや、効率よくラジオをつくる方法を考え、製品づくりをし、販売します。

事業部制によって、どの商品がよく売れているか、どの部署が頑張っているかが、一目《いちもく》瞭然《りょうぜん》です。事業部同士に競争心が芽生えます。互いに切磋琢磨《せっさたくま》する中で、松下電器の全体が良い方向に進みます。

また、事業部を切り盛りするリーダーたちが、「経営」を身に着けます。彼らが、幸之助の右腕《みぎうで》になり、将来の松下電器を動かす人々になります。

このように、事業部制は、ものづくりの現場の活性化と人材育成につながるという良い側面を持っていました。ですから、当時、日本よりも進んでいた米国では、既に大企業が取り入れていました。日本では、松下電器が、事業部制を敷いた最初の会社となり、その後、多くの企業が取り入れていきます。

事業部制を考えついた幸之助は、米国企業にこうした仕組みが既にあったことを、全く知らなかったそうです。

幸之助は、こう言っています。

「……その人をもってですね、事業部の最高責任者にしたわけですね、早く言えば。最高責任者ということは全部任すということですね。業容は小そうても全部任すということですな。それが松下電器の事業部制の始まりなんです。その任された人が、あたかも社長のごとき立場に立ったわけですね。……（中略）……ですから松下電器の事業部制というものは、名は事業部でありますけれども、全く独立した会社のごとき状態になっているわけです」（松下資料館「松下幸之助・経営の道」より）

これで、中村さんの言う「松下電器は中小企業の集合体」の意味が分かると思います。

## 任せ上手として人を生かす

「経営の神様」と呼ばれ、九十四歳まで生きた幸之助にも、自分一人では手に負えなかったこと、やり遂げられなかったことはたくさんあります。

例えば、内閣総理大臣は、行政の責任者です。しかし、総理大臣一人が責任を負っているのではありません。日本国憲法では、総理大臣と複数の大臣が「内閣」を組織し、その内閣が連帯《れんたい》して責任を負っていることが示されています。

どんなに素晴らしい人でも、偉い人でも、お金持ちでも、一日に与えられた時間は二十四時間と平等です。限られた時間の中で物事を進めていくには、自分が信頼できる誰かにお願いしたり、任せたりしたほうが上手《うま》くいく場合もあります。そして、任せられた人は、気持ちよく責任を持って請け負う。これが「協力」です。

私たちは、たくさんの人から協力を得ることで生かされています。時には、周りの人々に協力することで、人を生かすこともあるでしょう。

責任ある仕事や役割を任されれば、うれしいですし、それが生きがいにつながります。これは、幸之助が「自主責任経営」で考えたことと同じです。日本に最初に事業部制をもたらした人ですから、「幸之助は、任せ上手だった」という人もいます。

## 目標達成もドメインごとの「自主責任経営」

中村さんは、松下グループのリーダーとして、大きな組織を良い方向に導くため、「二

○一〇年に売上高営業利益率一〇％」という目標を掲げています。
営業利益とは、一年間に本業で得た利益がどのくらいかを示す指標《しひょう》です。本業の電化製品をいかにコストをかけずにつくり、いかにたくさん売ったかを示す数字です。製造業では、四％であれば健全な経営がされているとみなされます。六％であれば優良企業ですから、この一〇％という数字は、金字塔《きんじとう》のようなものです。

「常に志を大きく」というのが幸之助の教えです。それに従ってのことかも知れません。

ちなみに、二〇〇四年四月から二〇〇五年三月までの一年間の松下グループの売上高営業利益率は三・五％でした。目標までは、まだ長い道のりです。

この一年間は、電機業界にとって利益を上げる上ではとても厳しい環境にありました。夏にはアテネ五輪があり、大きくてきれいな画像でスポーツを楽しんでもらおうと、たくさんの会社が、液晶テレビやプラズマテレビを発売しました。世界的な選手たちの勇姿を録画して残そうという人のために、ＤＶＤレコーダーも発売されました。

たくさんの人がそれを買い求めましたが、商品が一度にたくさん並んだために、販売競争が激しくなり、商品の価格は予定よりも大きく下がりました。そのため、うまく利益を上げられない会社もあったのです。

ある時、中村さんは目標の売上高営業利益率一〇％の達成の仕方について、「二〇〇六年度の営業利益率五％達成に向かい、二〇〇五年度前半は厳しい逆風下《ぎゃくふうか》にあるが、コスト削減によりなんとかやっていく」と途中経過の目標を示しました。

これは松下電器全体の目標ですから、「中小企業」という言葉で示した一つずつの事業部（ドメイン）が目標に向けて頑張らなければなりません。足を引っ張るわけにはいきません。中村さんは、グループのトップとして、各事業部（ドメイン）に力づくで命令し、尻《しり》をたたくということもできる人です。

ところが、こう言いました。

「（年度ごとの目標数値は）ドメインごとに策定して、本社としてガイドラインは出していない。利益については、あくまでドメインの社長の考えで、環境変化をよく考えながら策定すればいい」

現代のリーダーに受け継がれた「自主責任経営」の精神が、この言葉に表れています。

## 「復活」の道のりの中で

創業者への人一倍の理解と思い入れを持ちながら、創業者がつくったルールを一つずつ見直し、新しくするという努力をした中村さん。ある意味、松下電器の八十余年の歴史において、こうした幸之助の残したものに手を付ける改革は、タブーとされてきました。

改革に要するパワーは、並大抵ではなかったはずです。しかし、中村さんは一人ではありませんでした。

まず第一に、いつも心に幸之助がいました。第二に、「このままでは松下電器は潰れてしまう」という危機感を共有する優秀な経営陣と社員に支えられていました。

中村さんは二〇〇四年、産業社会のリーダーとして輝かしい功績《こうせき》を残したり、人々に影響を与えたりした経営者たちに贈られる経営者賞（財界研究所主催）に輝きました。

この賞は、幸之助も一九五八（昭和三十三）年、六十三歳の時に受賞したものです。

そんな重みを噛《か》み締めながら、中村さんは、授賞式で次のようにあいさつしました。

「松下は、二〇〇一年に創業以来の大赤字を出しまして以来、今もって窮地は脱したけれども危機は続くという状況です。まだまだ優秀企業にはほど遠いことから、私は受賞ご辞退を申し上げ、本当に復活した時に頂きたい旨《むね》をお伝えしました。けれども、広報担当の森孝博役員から、『この賞を辞退してはいけません。理由は第一に、選考委員の先生方が公正公平にみて選んで下さった。二番目に、個人に頂くのではなく、改革に全力を尽くしている全社員に頂くものだと考えてはどうでしょうか』と言われました。まさに目から鱗《うろこ》が落ちるという心境で、賞を頂くことにしました」

改革に全力を尽くしている全社員に——。実際、中村さんの推し進めている改革というのは、経営陣が会社のシステムを変えたり、部下に命令したりして簡単にできるものではありません。社員一人ひとりの意識改革と努力、さらにはリストラなどで痛みを伴った人々の苦しみが、そこにはありました。

例えば、コストバスターズ運動は典型的な例です。社員一人ひとりが、仕事の上での資源節約を草の根運動的に展開することで、二〇〇四年の一年間では六百億円もの節約効果を生みました。松下電器としては、これを、二〇〇五年、〇六年には毎年千二百億円に引

（リモコン部は拡大）

薄型テレビ「VIERA《ビエラ》」

デジタルカメラ「LUMIX《ルミックス》」

き上げることを目標にしています。

一方で、会社からの希望退職者の募集を受けて、二万人余りが、働き慣れた松下電器を去りました。また、退職者に支払われる年金《ねんきん》の制度についても見直したため、老後の生活の保障の一部を失ったという側面もあります。

「松下電器は一度潰れた」——。大赤字を出して傾《かたむ》いた会社を立て直すための士気《しき》を表す言葉といえるでしょう。さらには、側《はた》から見て華やかに見える再起が、実は、会社が潰れるのと同じくらい多くの人々の苦労の上に成り立っているということを伝える、荘厳《そうごん》な言葉にも感じられます。

経営について語る松下幸之助

# 第四章

# 二十一世紀・日本へのメッセージ

## 第一節

# 二百五十年先を見据えて

## 企業は社会の公器――民間企業にも公的使命がある

松下幸之助がつくった松下電器産業というと、どんな会社を思い浮かべることができるでしょうか。テレビコマーシャルや電化《でんか》製品の店では、「パナソニック」というブランド名に触れることが多いと思います。これは、松下電器がつくっている商品に付けられるグローバル（世界的な）ブランドです。

パナソニックを知っている人なら、「Panasonic ideas for life」（パナソニック　アイデアズ　フォー　ライフ）というスローガンも聞いたことがあるでしょう。「全世界の松下グループ社員が、開発・製造・販売・サービスを通じて、人々の豊かなくらしや社会の発展に、価値あるアイデアを提供し続ける」という意味です。

この根本にある「お役に立つ」という発想が、まさに幸之助の考えた使命、志でした。企業は社会からの預かりもので、儲けは社会に役立つ仕事をしたことへの報酬であるという意味で、「企業は社会の公器（注）」という表現を大切にしました。そして、それを受け継いでいるのが、松下電器産業と松下グループと呼ばれる企業集団です。

幸之助は、

「産業人の使命は貧乏の克服である。そのためには物資の生産に次ぐ生産をもって、富を増大しなければならない。水道の水は、通行人がこれを飲んでもとがめられない。それは量が多く、価格があまりにも安いからである。産業人の使命も、水道の水のごとく、物資を安価無尽蔵たらしめ、楽土を建設することである」

と宣言した一九三二（昭和七）年五月五日を、松下電器の創業元年《がんねん》とし、さらに実現に向けて進むことを社員に訴える「所主告示《こくじ》」を読み上げました。

本当の創業は、一九一八（大正七）年に大阪市大開町の一軒家で妻むめのと、その弟である井植歳男と三人でソケットづくりを始めた時です。しかし、幸之助は敢《あ》えて、本当の創業から十五年後のこの日を「創業の日」としました。なぜなら、松下電器の果たすべき本当の使命に気付いたのがこの時だったからです。

そして、この年を「創業命知《めいち》元年」としました。命知とは、命を知る、使命を知ってこの世に生まれ出たということです。

Panasonic
ideas for life

松下電器産業の使命を示す「ideas for life」

幸之助は

「思えば過去十五年間は母の胎内《たいない》にあったいわゆる胎児《たいじ》時代であったとも言い得られる。きょうここに呱々《ここ》の声を上げ、世にまかり出たのである」（「私の行き方考え方」ＰＨＰ研究所）

と、まさに誕生の喜びを興奮して社員に伝えました。

これを緊張の面持《おもも》ちで聞いていた百六十八人の社員も、感激をあらわにしました。会場の大阪・中央電気倶楽部《くらぶ》の講堂は、水を打ったように静まりかえっていましたが、それはうち震えるような緊迫感だったそうです。

その後、幸之助の思いを受け止めた社員たちは、自らの感想を述べようと、次々とステージに上がりました。若い社員たちが、目を輝かせ、息を切らし、腕を打ち振るって感動を言葉にし、使命達成に向けて宣誓《せんせい》したのです。

「我々は民間企業です。松下幸之助がすごいのは、民間企業の我々だって公の使命があるんだということを社員に訴えたことです。だから当時の社員は感激したのだと思います」（松下電器歴史館館長・加藤久男《ひさお》さん）。

現在こそ、企業の公共性や社会的責任が強くうたわれていますが、当時は非常に先進的な考えであったと言われます。

## 「物心一如」の豊かさ

「楽土の建設」に向けた産業人としての使命を説いた幸之助ですが、では「楽土」とはどんな社会でしょうか。

「産業人の使命は貧乏の克服である。そのためには物資の生産に次ぐ生産をもって、富を増大しなければならない。水道の水は、通行人がこれを飲んでもとがめられない。それは量が多く、価格があまりにも安いからである。産業人の使命も、水道の水のごとく、物資を安価無尽蔵たらしめ、楽土を建設することである」（松下電器歴史館・資料）

「水道の水のごとく物資を安価無尽蔵たらしめ」というくだりから、この考え方は「水道哲学」と呼ばれ、現代に受け継がれています。

幸之助が宣言した時代と比べると、今の私たちが暮らしている社会には、既にたくさんのものが溢れています。ですから「水道哲学」は、もう今の時代には合わないと考える人もいるかも知れません。

しかし、幸之助は「人間の幸せというのは物の豊かさと心の豊かさだ」とも言っています。「物心一如」、つまり物と心がともに満たされて初めて社会は豊かになると考えました。

私たちが暮らす社会は、食べるものも着るものも、遊ぶものも、何でもお店で売っていますし、ある程度のお金を出せば、それを自由に手に入れられるようになりました。

しかし、心は本当に豊かになったのでしょうか。

私たちは、素晴らしい音楽や演劇、小説などに触れて感動したり、涙を流したりしています。大地震で住む家や食べるものを失った人に、手助けをしています。一人暮らしのお年寄りを地域のみんなで面倒《めんどう》を見たり、多くの人が集まる公園のごみ拾いをするようなボランティア活動も盛んです。

しかし一方で、「もう生きていてもしょうがない」と言って自らの手で命を絶つ人がいます。「自分の子どもがかわいく思えない」と、自分のおなかを痛めて生んだ赤ちゃんを殺したり、殴《なぐ》ったり、ごはんを与えなかったりするお母さん、お父さんがいます。「ム

「水道の水のように、安くて良い商品をどんどん提供したい」

シャクシャしたから」と、学校や街で暴《あば》れて無差別にたくさんの人に刃物《はもの》を向けて傷つける人もいます。

幸之助が夢見た社会に、少しずつ近づいているとはいえ、ゴールはまだほど遠いようです。むしろ、以前よりも貧しい心を持った人が増えているのかも知れません。

## 長いスパンで考える

幸之助が使命達成時期として考えたのは、宣言から二百五十年後、ずっと先の未来です。二百五十年という長い年月をかけて「楽土の建設」を成《な》し遂げると誓いました。

一九三二（昭和七）年に宣言したのですから、足し算をすると、達成は西暦二一八二年、今から約百八十年後ということになります。どんな日本になっているのか、想像もつかない世界です。

長いスパンで物事を考えることができるのが「幸之助のすごいところ」と、皆が口をそろえます。後の時代を継ぐ私たちは、こうしたところに幸之助の願いをくみ取らなければなりません。物心ともに豊かな「楽土の建設」が、幸之助一人に課せられた使命ではなく、世代を越《こ》えて達成しなければならない大きな目標なのだということを……。

幸之助は、長い道のりを着実《ちゃくじつ》に進むために、二十五年ずつ区切りを付け、それぞれに目標を設定しました。二十五年を一節《せつ》、十節で二百五十年ということになります。

また、一節をさらに三期に分け、最初の十年を建設時代、次の十年を建設を続けながら活動する活動時代、最後の五年は建設と活動を続けながら世間に貢献する貢献時代としました。

二十五年というスパンは、企業は二十年から三十年を一サイクルに、成長と発展を繰り返すといわれますが、それに照らして考えたという説があります。また面白いところでは、「関西には『半値八掛け《はんねはちが》』という値切り文化があり、当時の日本人のだいたいの寿命《じゅみょう》である五十歳に『半値八掛け』して、人生のうちの二十五年ぐらいは社会や企業のために尽くすだろうという考えから出たのではないか」と話す人もいます。

## シナリオ通りに進む「二百五十年計画」

幸之助が創業命知元年を宣言してから、七十年余りが過ぎました。二百五十年計画でいうと、三節目の貢献時代を迎えています。幸之助が思い描いた通り、松下電器産業は歴史の中で、この一節二十五年というのが大きな節目になっていると、歴史館館長の加藤久男さんは指摘《してき》します。

命知二十五年に当たる一九五六（昭和三十一）年に、松下電器は五カ年計画を発表しました。

それより五年前、つまり第一期の貢献時代に突入した五一年に、幸之助は米国へ渡りました。初めての海外への旅です。そこで、各家庭にテレビがあるような豊かな生活を目の当たりにします。「日本をこんな国にしたい」という思いを持って帰国しました。

その実現のためには優れた技術がいるということで、五二年には、オランダのフィリップスという会社と一緒に、松下電子工業という会社をつくりました。その技術を使い、テレビ、電気冷蔵庫、電気洗濯機という、のちに「三種の神器」と呼ばれる製品をつくり、販売していきました。

そして五六年。節目の年を迎えます。

「いよいよ日本に電化の時代が来る。我々はこの電化の製造を通じて世の中に貢献するときが来たんだ。社会との見えざる契約が既に成されているんだ。だからこの計画は間違いなく達成できる」

それまで二百二十億円だった生産販売高を八百億円まで増やす、五カ年計画を立てました。

実際のところ、当時はまだ、電化製品が一般市民には手の届かない憧れの品でした。松下電器が発売したテレビ第一号は二十九万円。公務員の初任給の四十カ月分だったと言います。テレビや冷蔵庫などの電化製品に彩《いろど》られた生活など、夢の世界でした。

しかし、電化の時代を先読みした松下電器は、大阪府茨木《いばらき》市にテレビの工場、豊中《とよなか》市に洗濯機の工場、東大阪に冷蔵庫の工場をそれぞれつくり、五カ年計画達成のために邁進《まいしん》します。

一九六〇年には、生産販売高は一千億円を超えるなど、五カ年計画で示した目標を大きく上回りました。この年にはカラーテレビも発売され、世の中はまさに「三種の神器」を買い求める人々で沸《わ》き上がりました。

創業命知五十年は、一九八一年です。当時の社長の山下俊彦さんが「松下電器は、家電メーカーから総合エレクトロニクスメーカーに移行《いこう》する」と宣言した年でした。

これを機に、松下電器は、まさに家電製品だけではなく、デバイス（電子部品）やアプライアンス（情報家電）なども手掛ける総合エレクトロニクスメーカーに構造改革していきます。その姿は、今日まで受け継がれています。

そして二〇〇六年、第三節の終わりの年に当たる創業命知七十五年を迎えます。今の社長である中村邦夫さんがリーダーシップを執る「躍進二十一計画」の着地点《ちゃくちてん》は、まさにこの年に設定されています。中村社長は、「総合エレクトロニクスメーカーからグローバルエクセレントカンパニーを目指す」と宣言し、着実にその歩みを進めています。

歴史館館長の加藤さんは、「松下電器の経営陣にも、このシナリオ（各節のおわりに繁栄が訪れていること）に気付かずにいた人はいますが、皆さん『なるほど』と驚かれま

松下電器産業製の第１号となるカラーテレビ

す」と話します。

## 志は大きいほうがいい

「棒ほど願って針ほど叶《かな》う」

目標がなかなか叶わない状態を言い当てたことわざです。思い通りに目標が達成できない時、あきらめてしまうことがあります。途中でどうしても諦《あきら》めてしまうなら、あらかじめゴールを遠くに設定してはどうでしょうか。

幸之助は、著書「指導者の条件――人心の妙味《みようみ》に思う」（ＰＨＰ研究所）の中で、敢えてこのことわざを用いて、大きな志を立てることの大切さを訴えています。

「志を大きく持ち、高い目標を掲げてこそ、ある程度のことが叶っていくのであって、はじめから、志を小さくし、目標を低きに置いたのでは、叶うことでも叶わなくなってしまう」

と書いています。

「二百五十年計画」が、まさに大きな志でした。幸之助が、自分が社長を務める時期だけの短期的な目標だけを掲《かか》げていたのなら、松下電器は、今のようなグローバルエクセレントを目指すような企業には、なり得なかったかも知れません。

就職活動を経験した高校生や大学生であれば、面接で一度は、「十年後にどんな生き方をしていたいですか」と質問されたことがあると思います。これから社会人になろうという、目先の行方《ゆくえ》も不安な時です。「十年先なんて考えも付かない」と思ったでしょう。

しかし、二百五十年先を見据えて、豊かな社会をつくろうと立ち上がり、力を注《そそ》いだ人がいました。二百五十年目の目標達成の日を迎えられるかは、私たち一人ひとりの手にかかっています。

……

＊公器　公のもの。

## 第二節

# 松下政経塾での人づくり

## 良い社会は、良い人間がつくる

松下電器産業の創業者、経営者として物の豊かさを追求し、PHP研究所での活動を通して心の豊かさを追求してきた幸之助でしたが、七十歳ごろから、政治によって社会を良くするという第三の手法を考えます。

しかし、自分の思いを訴え、行動するために政治家になるには、年を取り過ぎていました。そこで、自分の情熱を次の世代に受け継がせる場所をつくりました。

それが、松下政経塾です。創塾は、幸之助が八十四歳の時でした。

政経塾は、人々が幸せに暮らせる社会の指導者を育てる場です。松下電器産業の創業者として、「松下電器は製品をつくる前に、人をつくる会社です」と言うなど、人づくりに人一倍の思い入れがあった幸之助らしい発想です。

一九七九（昭和五十四）年一月に示された政経塾の設立趣意書《しゅいしょ》には、「この研修によって正しい社会良識と必要な理念、ならびに経営の要諦《ようてい》（注）を体得《たいとく》した青年が、将来、為政者《いせいしゃ》(注)として、あるいは企業経営者など各界の指導者として日本を背《せ》負《お》っていくとき、そこに真の繁栄、平和、幸福への力強い道がひらけてくるとともに、世界国家に対しても、貢献することができるものと確信するものである」

とあります。

研修所であって学校ではないということが、松下政経塾の大きなポイントです。もちろん、塾生は、さまざまな分野のプロから講義を受けますが、先生から教わればいいのではなく、自ら考えることを通して習得《しゅうとく》しなければならないのです。これは、塾訓《じゅくくん》に「自習《じしゅう》自得《じとく》」という言葉で、しっかりと示されています。

塾訓

素直な心で衆知を集め
自習自得で事《こと》の本質を究《きわ》め
日に新たな生成発展の
道を求めよう

「素直な心で衆知を集め」というのは、まさに幸之助の生き方です。家庭の事情で、四年

松下政経塾の塾生たちと語り合う松下幸之助（右から２番目）

生で小学校をやめて丁稚奉公に出なければならなかった幸之助が、「自分は学問がないからほかの人に学ぼう」と努めてきた姿勢が、そのまま塾訓に示されています。

「事の本質を究め」というのは、人から教わったことを鵜呑《うの》みにするのではなく、自分の目と耳と頭で実際に確かめよ、ということです。

塾長の関淳《せききよし》さんは

「医学で言えば、臨床《りんしょう》研究(注)のようなものです。松下哲学は学問ではありません。現実社会の中で、どうあるべきかを探ることなのです」

と表現します。

さらに関さんは、

「幸之助は自ら強い精神力を持って理想を訴えました。人に伝えるのが上手で、自ら経験したことをもとにして伝えたので、それが『悟《さと》り』となったのです」

と、行動をもって本質を示すことの大切さも指摘します。

政経塾の卒業生の一人で、国会議員を経て横浜市長になった中田宏《なかだひろし》さんは、「横浜Ｇ３０プラン」（ごみを三〇％減量する計画）を掲げ、環境行動都市を目指しリーダーシップを発揮しています。政経塾に在塾中には、実際にごみ収集車に乗ってごみの行方を追い、その問題点や解決策を探ったそうです。その行動の積み重ねで見つけた本質が、現在の横浜市の施策に生かされています。

私たちは、言葉だけで「ごみを減らそう」と訴える人と、ごみ処理の現場で働きながらごみ減量の大切さを知った上で訴える人の、どちらを信頼するでしょうか。政経塾は、後者の育成を目指しているのです。

中田さんは、横浜市長になった今、幸之助がよく使い、塾訓にも含まれている「生成発展」という言葉を大切にしているといいます。生成発展というと、一般的に前向きなイメージが持たれている言葉ですが、世の中には当然、良いことばかりではなく、マイナスの出来事もあるでしょう。そうした目の前の現実を寛容《かんよう》に受け止め、マイナスのことも生かして生成発展につなげる努力をしなさいという教えです。

幸之助は、「実践経営哲学」（ＰＨＰ研究所）の中で、

「個々の資源というものをとってみれば、有限であり、使っていくうちになくなるものもでてくるだろう。けれども、それにかわるものは人知《じんち》によって必ず生み出し、あるいは見《み》

出《いだ》すことができると考えるのである。現に人間は過去の歴史において、そういうことをしてきている」

と書いています。

少し話は発展しますが、例えば、こういうことではないでしょうか。

中田さんが市長になりたてのころ、市職員や市議会議員らが関与した競売入札《きょうばいにゅうさつ》(注)妨害事件が起こりました。民間の会社に市の仕事を公正に振り分けるための入札という制度が、一部の人の不正により、公明正大に行われなかったという事件です。

市長は、市民から税金を預かって仕事をしている市役所のリーダーですから、当然、市民から責任を追及されます。

「おわびするだけでは、また同じことが起きてしまいます。入札・契約制度を変えて、再発しないようにしなければいけないのです」

と中田さん。

再発防止のために、入札・契約システムや市職員の心構《こころがま》えを根本から変えようと働きました。

これは、リーダーとして、また政治家としては当然の仕事です。

しかし、もしこの事件が明《あか》るみに出なかったら、永遠に悪い入札・契約システムが続けられたかもしれません。明るみに出ても、残念ながら、おわびするだけで済ませるリーダーがいるかも知れません。

その意味で、競売入札妨害事件という市民を裏切るような出来事は、決してあってはならないマイナスのものですが、それを通して、市政を公平で透明性のあるものに生成発展させることができたと考えることができます。

人間は元来、そうやって次々と新しく良いものを生み出してきました。そうした営みを率先して行い、よりよい社会をつくることのできる人が、幸之助の育てたかったリーダーなのです。

## 「人生を賭ける覚悟はありますか？」

政経塾は、一九八〇（昭和五十五）年四月に一期生を迎え、そのスタートを切りました。

一期生では、衆議院議員で外務《がいむ》副大臣の逢沢一郎《あいざわいちろう》さん（自民党）、同じく衆議院議員で民主党が組織する「次の内閣」の財務大臣になっている野田佳彦《のだよしひこ》さんなどが活躍しています。これまでの二十五年間で、卒業生は二百十一人を数えますが、うち、政治家（国会議員、自治体議会議員、自治体首長《しゅちょう》(注)）になったのが九十二人（四四％）、経営者・起業家《きぎょうか》が六十人（二八％）、マスコミやシンクタンクなどで報道や調査研究に携わる人が三十八人（一八％）います。

入塾試験には、毎年約二百人の応募があります。一流といわれる大学を卒業した人、一流といわれる会社に勤めていた人、変わったところでは医師や自衛官《じえいかん》など、さまざまな人が受験しますが、経歴書《けいれきしょ》や、松下幸之助の著書を読んでの論文をもとに書類審査が行われ、始めに約三十人に絞られます。その後、集団討議《とうぎ》や面談で、最終的に合格するのは五人前後となります。

合格の基本条件は、日本人として恥ずかしくない教養《きょうよう》を持っていることです。きちんとした挨拶《あいさつ》ができるか、正しい日本語で思いを伝えられるか、などが問われます。

「試験の部屋に入ってきた時点で、教養を持った素晴らしい人材であるかどうかは、だいたい分かります」

と塾長の関さん。そして、集団討議については、「議論の勝ち負けや発言の内容で合格が決まるのではありません。議論に臨《のぞ》む態度に、その人の教養がにじみ出るものです」

とも言います。

そして、最終的に面接で聞くのは「人生を賭けられるか」です。実際、幸之助自身も生前、入塾希望者を前に「君は本当に政治家になるか」と、あきらめない強い意志があるかどうかを問い詰めたそうです。政経塾の塾生は、それだけ、社会の期待と責任を負《お》う存在なのです。

とはいえ、「人生を賭けられるか」という質問は、少し大《おお》げさだと感じた人もいるのではないでしょうか。

まず、彼らの塾での生活をヒントに考えてみます。

塾生は、神奈川県茅ヶ崎市の塾において、寮生活をしながら研修します。塾といっても、塾生は月謝《げっしゃ》を払うのではなく、むしろ塾から毎月一定の研修資金をもらって活動します。

この費用は、幸之助が投《とう》じた私財《しざい》などをもとにした基金《ききん》(注)から支給され、塾にいる三年間、塾生は思う存分、研修や研究活動に専念できるのです。しかし、幸之助や松下グループの厚意《こうい》による基金から貴重なお金をもらって活動するのですから、いいかげんな過ごし方をすることは許されません。それが、「人生を賭けられるか」と聞かれる理由の一つです。

それでも、なお「人生を賭けるほどのことではないよ」と思う人がいるでしょう。

これは、卒業後の塾生の置かれる立場を考えると分かります。塾に在籍《ざいせき》している三年間は、まだいいのです。それよりも、卒業してからが問題なのです。

例えば、政治家を目指して塾で研修を重ねていた人が、卒業して、すぐに政治家になれるわけではありません。政治家になるためには、有権者《ゆうけんしゃ》に自分の掲げる政策や夢を理解してもらい、有権者に将来を任されるだけの信頼を得る必要があります。しかし、有権者に思いを伝える活動をするにも、当然ながら卒業してからは塾からの資金的な支援はまったくないのです。お金もない、地位もないという中で、それでも、社会を良くするため、リーダーになるために、決してあきらめずに活動できるか、ということなのです。

今でこそ野党《やとう》第一党である民主党の中堅リーダーとなった衆議院議員の野田佳彦さんですが、彼にも、卒業してから政治家人生をスタートさせるまでの、忍耐《にんたい》の期間がありました。

駅頭《えきとう》や街頭《がいとう》で「辻立《つじだ》ち」をして、通勤通学の人々や買い物客などに思いを訴え続けました。手作りの旗を立てて、片手にはハンドマイクです。

この「辻立ち」は、政治家になった今も、毎日欠かさず続け、約十八年間の日課となっています。

野田さんの座右の銘は、政経塾の五誓の一つ「素志貫徹」と、幸之助がよく言った「成功の要諦は成功するまで続けることにあり」です。

野田さんは言います。

「志や夢を持つことを教えられました。立派だと言われる政治家や、歴代《れきだい》の総理大臣などを見てきましたが、松下幸之助以上の人には、これまでに会ったことがないし、今後も会うことはないと思います」

## 創塾から二十五年が過ぎて

二〇〇五年四月、松下政経塾は二十六期生の六人を迎え、新年度をスタートさせました。「二十五年を終えて、政経塾も第二節に入りました」と塾長の関さん。松下電器の経営者の一人として、幸之助に経営哲学を学んできた人ならではの一言です。二十五年を一節として、創業から十節を終えた時、つまり創業から二百五十年が経過した時を、最終目標「楽土の建設」の達成時期と見据えた、幸之助の「二百五十年計画」になぞらえたのです。

政経塾の二十五年は、決して順風満帆だったというわけではありません。九年目の春、幸之助が世を去りました。病院まで塾生を呼び寄せて、最後まで塾生たちに思いを語ったといいます。

松下資料館支配人の高橋誠之助さんは、

「塾生は、孫悟空《そんごくう》の髪の毛みたいなものなんです。孫悟空がむしり取った髪の毛は分身《ぶんしん》として彼の代わりに戦ったでしょう。幸之助は、できることならば自分が政治家になりた

若い世代からも話を聞き、学び、衆知を集める

かったのですが、年齢の壁もあり、若い塾生を自分の分身として社会に羽ばたかせようとしたのです。塾生は、幸之助のＤＮＡを受け継いでいます」

と、面白いたとえ話をしてくれました。

幸之助が亡くなっても、それは変わりません。今度は、ＤＮＡを受け継いだ卒業生や産業界の人々が代わりに教壇《きょうだん》に立ち、後輩たちに哲学なり生き方なりを語り継いでいます。

塾長の関さんは、

「幸之助さんは、政経塾にとって永遠の存在です。幸之助さんの願いを現実にできるまでは、現存していると思って、実現する努力を重ねなければなりません。幸之助さんなら、二百五十年は塾の活動を続けなさいと言うんでしょうね。そうすれば、必ずこの国は良い国になりますよ」

と、目を細めます。

一方で、「大黒柱《だいこくばしら》」がいなくなったことで、政経塾が一時期、進むべき道を見失ってしまったこともありました。卒業生が続々と政治家になり、「これからは政経塾の卒業生が日本を動かす」「政経塾卒業生から総理大臣を」などと、世の中に持てはやされました。

おごりの心からか、日々の活動での無駄が増えたりしたせいで、塾生の活動の元手《もとで》である基金が少しずつ減っていきました。自分たちで一年間に使ってもいいと計画した予算を、出費が上回ってしまったということです。

謙虚な心を大切にした幸之助の考えから、少し外《はず》れてしまったのです。

幸之助はある時、関さんにこんなことを言いました。

「血が出ても『単なる怪我《けが》だから』と放っておけば大変なことになる。失血死《しっけつし》という死があるでしょう。早く血を止めなければ、死んでしまいますよ。血を止めることで、次が生まれるんです」

失敗も反省も経験した二十五年でした。

政経塾の理事の一人である評論家の上坂冬子《かみさかふゆこ》さんは、かつて塾の設立に際し、「こんな塾をつくられて、どんな成果が望めるのですか? 無駄にはならないのですか?」

と幸之助にこう問いただしました。それから時を重ね、創塾二十五年のパーティーの席で、上坂さんはこう言いました。

「二十五年が経ってみて、幸之助さんの言っていたことが分かりました。成果は、むしろ望んでいた以上に著しいですね」

---

＊要諦　肝心、大切なところ。
＊為政者　政治を行う者。
＊臨床研究　例えば医学で、学校や参考書の上で学ぶのではなく、実際の患者を前に診察などをしながら知識を積んだり、発見をしたりすること。
＊入札　競争相手同士が、仕事を請け負う価格や条件などを互いに文書などで意思表示すること。最も好条件を提示した者が、その仕事を請け負うことができる。
＊首長　行政機関の長。都道府県知事、市長、町長、村長などのこと。
＊基金　一定の目的のために、積み立てなどにより準備しておく資金。

## 第五章

# インタビュー
# 松下幸之助精神を今に生かす

第一節

# 発意、行動、反省を日々繰り返す「朝《ちょう》令《れい》暮《ぼ》改《かい》」の大切さ

松下電器産業　森下洋一会長

森下洋一・松下電器産業会長

――森下さんは社長に就任する時、PHP研究所が出している松下幸之助さんのカセットテープをもう一度、聴き直したそうですね。その作業を通して、松下電器産業の経営者としてこれだけは心掛けようと決めたことを教えて下さい。

**森下**　「企業は社会の公器である」ということです。エレクトロニクスという事業を通して、社会の発展に貢献していく。それが我々の会社の使命であるということです。ですから、企業が持つお金や設備、人材など、見方を変えればすべて社会のものです。社会からの預かり物で事業をやっているのだから、世の中の役に立つような仕事をしなければもってのほかだという考え方になります。

松下電器産業の工場には「改善と向上を図《はか》って世界文化の進展に寄与していく」という言葉が掲げてあります。しかし、こうした文言《もんごん》は、なかなか若い人には分かりづらいですよね。

私も、その意味を本当に理解したのは、役員になる前のころです。学校を卒業して入社したばかりの時には、「社会に貢献する」という言葉に違和感《いわかん》を抱きました。私たちが学校で勉強してきた、企業は利潤追求するものだということと、まったく発想が逆になりますから。正直に言って、入社して二、三年は非常に違和感を覚えましたよ。機会あるごとにその思想を教え込まれ、「美化《びか》された言葉だ」とまで思いました。

――松下幸之助さんの時代で、最も印象に残っていることは何ですか。

**森下**　熱海会談です。私がまだ平社員だった時ですが、当時は手形《てがた》(注)がありました。昭和三十五、六年、池田勇人《いけだはやと》内閣時代の景気が良いころでした。「決まった日までに集金できないと個人の給与に響く」と言われ、プレッシャーでしたよ。実はこの手形が、昭和三十九年の熱海会談のきっかけになっているんです。

大阪の販売代理店の社長から、松下幸之助創業者が「いっぺん、うちの金庫を見に来て下さい」と言われました。実際に行って見てみたら、金庫の中が現金なしの手形ばっかりだったそうです。支払期限で一番長いのは、二百十日だったといいます。これは、手形が現金に替わるかどうかも分からないような状態です。

「これは大変だ」ということが熱海会談のきっかけとなって、その後の営業改革につながったわけです。創業者の場合は、ちょっとの改善ではなく、根っこから改善をしなければならないと考えました。

その改善の一つが「新月販《げっぱん》制度」です。支払いやすい月賦《げっぷ》でお客さんに商品を買ってもらうことで、販売店には現金が手に入ります。それが今度はメーカーの松下電器に入ってくる。現金回収に切り替えたということです。

具体的には、月販会社をつくりました。これはメーカーが金融会社を持つ走りになったわけですが、そうでもしなければ、あの危機は打開できませんでした。

――そうした経営スタイルをどんなふうに見ていましたか。

**森下**　私は当時、まだ経営サイドの人間ではなかったので、この動きを前から横から、さまざまな角度で見ていました。その経験は、その後、社内の仕組みがいろいろと変わっていく様子を理解する上で、とても役立ちました。

創業者は、起きている現象というものを徹底的に見極める人でしたから、「なぜこうなったか」「なぜこうなっているのか」を知るために、いろいろな角度から手形の現象を見ました。

ほかの会社や店はどうなっているのかも含めて徹底して見極めて、どうすればいいのか策を導いたのです。

改革する上では、おそらく自分自身の頭にはいろいろ描いていたと思います。しかし、いろいろな人の意見を聞いていました。自分の考えはあるけれども、ほかの人の声を聞いて「あっ、なるほどな」「そらあ、ええ案やな」と微調整《びちょうせい》する。そこに、創業者の衆知を集める経営というのが出てきたのです。

意見を聞くのは社内からだけではなく、外部の人からもやっておりました。聞きすぎではないかということもあったほどです。ただ、他人の意見を参考にするという行為は、自分の考えをきちんと持っていなければできません。

そういえば大きな耳をした人でした。「なるほど、なるほど」って、実に聞き上手なんですよ。

――では今、松下電器産業の会長としての目で見た場合、松下幸之助さんの凄《すご》さはどこにあると思いますか。

**森下**　ある年の経営方針発表会(注)で「今年一年は反省の年ですよ」と言ったのには驚かされました。業績が順調な時だったにもかかわらず、反省だというんですよ。「一年反省」というのは、普通なら相当に長い期間です。

創業者は、大きなスパンで捉《とら》える人でした。二百五十年の経営計画を立てたぐらいですから、「一年反省」というのも、「今日一日反省の日にせい」というぐらいの感覚だったのでしょう。

「朝発意《ほつい》、昼行動、夜反省」の繰り返しとも、よく言っていました。一緒に仕事をしている我々みんなが心掛けなければ、会社も個人も向上しないということです。

同じように「朝令暮改(注)」ということも言っていましたね。朝令暮改というのは、悪い意味にとられる方が多いですが、創業者は、「朝令暮改があって当たり前じゃないか」と言っていましたよ。

いわゆるその「発意、行動、反省」を繰り返すと、夜反省したらまた次の朝には発意が生まれるでしょう。だから今日は「これだ」と決めても、明日の朝起きてみたら「それのほうがいい」となる。だから、昨日言ったことでも、今日変える必要が出てくるのです。決して思いつきではなく寝ずに考えた結果である場合は、朝令暮改もあっていいという意味なのでしょう。

――そうした考え方に触れ、今の森下さんなりの経営、あるいは生き方について教えて下さい。

**森下**　いろいろな書物には、松下幸之助は「任せて任さず」の経営者だったという言葉が出ています。私の場合、経営理念とか経営の基本の考え方がきちんと分かっている人だと思ったら、任せます。しかし、そう思って任せてみても、実際はそうでない場合も往々《おうおう》にしてあるんです。そこを補《おぎな》うために、任された人は任せた人に対して、肝心なことは報告しなければなりません。任された人には任されたなりの義務がある。それが「任せて任さず」という言葉になるのでしょう。この義務がきちんと果たせる人は、成長します。

松下電器産業では現在、五百人ぐらいの幹部社員が松下電器の経営の基本的な考え方を体得していて、いつでも経営を担当できるという状態にあります。いわゆる経営者予備軍ですね。

問題は、その中でどういう人を育てるかです。松下の経営を託すのだから、その人なりに努力して、優秀な知識や能力を発揮してほしいと願っています。人間というのは必ず長所を持っていますから、そのいい所をできる限り発揮してもらいたい。逆に、欠点もそれぞれありますが、欠点は長所の裏返しだと思うんです。だから時と場合によってはパッと欠点が出たり、それが長所に変わったりします。

――その中でも、リーダーに向いているのはどんな人ですか。

**森下**　例えば、非常にアクの強い人が、ある場面ではものすごく強いリーダーシップを発揮することがあるでしょう。それは本当に紙一重の差だから、その人が自分をわきまえて、欠点をできるだけ出さないようにして、自分自身をコントロールしていけばいいのではないでしょうか。

創業者風に言わせてもらえば「晴れの日もあれば雨の日もある」ということでしょうか。それも当たり前、自然現象だからです。日の当たらないことがあっても、一生日が当たらないままでいいのかと言ったら、それでは人間は満足しないですよね。やはり、より豊かな人生を歩みたいという願望《がんぼう》をだれしも持っているわけです。そのためにはやはり、努力しなければだめですね。

私は、努力する上で、何か目標を持たないと息切れするのではないかと思うんです。最近は、若い人の根気や努力が弱くなっているということが言われますが、これは目標が不明確だからだと思います。

「今年はこうしよう」「三年後はこうしよう」とかいう目標。途中で変わっても構わないから、そういう目標に対して自分がチャレンジや努力をしなければいけません。自分の人生は自分で切り開いていかなければ、だれも助けてくれませんから。

――今も折に触れて創業者の精神を振り返ることはありますか。

**森下**　京都の「真々庵」は、創業者がいろいろなことを考えた場所なので、私も時々ですが足を運びます。やはり心が洗われます。心静かになりますよ。

あそこには、創業者の話を録音したさまざまなカセットテープが置いてあります。ものの考え方を説《と》いた話が多いのですが、亡くなって約十五年が経過した今になって聞いても、全く現世《げんせ》に生きる話です。

創業者が書き残した書籍も、折に触れて読みます。読む側の心の持ち方によって、ずいぶんと伝わるものが変わってきます。

例えば、創業者は「雨が降れば傘をさせ」と言いましたが、「傘をさせ」という言葉は、本当に考えれば考えるほど幅があります。よくよく考えてみると、自然の摂理《せつり》を説いているんです。人間は自然の摂理に逆らってはいけない、ということです。

「雨が降ったら傘をさす」、つまり企業なら「不景気になったら焦《あせ》るな」。ごく平凡なことですが、「自然の摂理」ということを晩年よく言っていた創業者のことが思い出されます。

不景気になったら焦らず今の状況を見直すということは、当たり前のことだと思います。二〇〇〇年ごろに松下電器もそうした試練を経験しましたが、日々改善、日々向上を忘れずにやってきたことで、業績を回復させることができました。

回復後の現在も、事業分野ごとに改革を続けています。成果が出るのに百年も二百年もかかる改革もあります。世の中は日々変わるのですから簡単ではありません。熱海会談の時も、創業者はあれだけの大改革やっても「五年たったら見直さないかん」ということを言っていたといいます。

何ごとにおいてもそういう姿勢でした。あの当時で五年ですから、移り変わりが速い今に換算《かんさん》したら、一年か二年で見直すということでしょう。一年として旧態依然《きゅうたいいぜん》のことをしていたらいけない。

——変化という意味では、電機業界も、他社と事業ごとにさまざまな提携を結ぶ動きが活発です。

森下　世界で戦う上で、一社だけでは戦えないという場面も出てきたということです。今から十年前だったら、考えられませんね。電機業界に限らず、企業のトップ同士が握手している写真が、月に一度は新聞などに出ています。

グローバルな競争に入った今、やはりまた創業者の精神が生きてくると思っています。例えば「企業は社会の公器である」という考え方です。

商品が売れないのはその価値を世の中が認めていないからで、最善の努力をしても世の中には評価されないのであれば撤退する。そのほうが世の中のためになるということです。公のいろいろな資産を使って赤字を出すようでは、結果として世の中のためになっていない。事業を世界展開していく上で、これは非常に明確な尺度《しゃくど》です。

とことんまで突き詰めて、とことんまで考えたけれども、当事者の使命感の尺度から言えば残念だけれども、世間は「世の中のためには早く撤退して下さいよ」と言っているんです。

何事も、公のことを意識して行動することが大事だということですね。

＊手形　後にお金を支払うことを約束した文書、有価証券

＊経営方針発表会　時の社長が毎年一月、社員を前に一年の経営の方向性や目標などを語る会。一九四〇（昭和十五）年にスタートした。

＊朝令暮改　朝に命令や決断を下して、夕方にはそれを改めること。しきりに改められて決まらないこと。

## 第二節

# 感謝の心、素直な心を自ら実践で示す謙虚さ

松下電器産業　谷井昭雄特別顧問

谷井昭雄・松下電器産業特別顧問

――谷井さんにとって、松下幸之助とは、ひとことで言うとどんな方ですか。

**谷井**　取材などのさまざまな場面で松下幸之助創業者のことを聞かれますが、語れば語るほど、創業者を小さな人間に言ってしまっているような気持ちになります。私の言葉では語り尽くせないほど大きな人間なのに。ですから、今もなかなかいい言葉が見つかりません。

今の私なりに率直な言葉で表現すると、「事業経営と人間哲学を、両立させようと思って努力し続けた人」ということです。いわゆる人間愛や、社会に役立つ心、自分自身を高めるという求道者《ぐどうしゃ》的な心を持った人でした。

松下電器はかつて「電器製品をつくる前に人をつくる会社である」ということを言っていました。創業者は、世の中の役に立つ事業をするためには、社員は社会に尊敬され、信頼され、喜んでいただけるような人間にならないといけないということを、社内でよく説いていました。

人を育て、自ら人間的にも成長するよう努力するということと、社会の役に立つ事業をする。これをつなぎ合わせ一つのものにするのは、とても難しいことです。でも、それを実践したのが、創業者なんです。

――難しいことですが、松下幸之助さんは可能にする力を持っていました。

谷井　ええ。こうした力は、創業者の持って生まれたものだと思います。仮に私が同じ環境で育ったとして、同じことができるかというと自信がありません。

創業者は、昔は和歌山で村長を出したような名家に生まれながら、家庭の事業の失敗により九歳で大阪へ丁稚奉公に来たわけですね。家が貧しかった。小学校も卒業していません。

それから体が弱かった。貧しいとか、勉強していないとか、体が弱いとかいうのは、人間の人生にとっては決してプラスではありません。しかし創業者は、マイナス材料であるそれらすべてを、世のため、人のため、自分のためにプラスに変えたのです。

もちろん、天性だけではそのようなことはできません。生きていく上で体験する物事に対しての姿勢や考え方が優れていました。自らの中にある天性に磨きをかける力を持っていたのですね。火鉢屋で丁稚奉公して火鉢を磨いたり子守をする中で、天性のものが磨きをかけられるような貴重な経験をしたのだと思います。

孔子の「論語」(注)に「性《さが》は相近《あい》きなり、習いて相遠きなり」という言葉があります。「性」というのは生まれながらにして持ったまさに天性のことです。「相近きなり」というのは、そう差がないということ。

その後の勉強や経験によって、ものすごく立派な人になったり、あるいはいい加減な大人になったり。環境とその人の勉強によって天性が磨かれ、その後の人生に大きな違いを生むということです。私は、この思想をとても大事にしています。

創業者は生まれながらにしてその天性を持ち、人生を通して磨き続けたのです。気高《けだか》い人でした。

―― 松下幸之助さんの教えで最も心に残っていることは何ですか。

谷井 「品質管理も大事だけれども、それ以上に大事なのは、人質管理《じんしつ》だよ」と言われたことです。私が録音機事業部の技術課長だった一九六一(昭和三十六)年、京都の真々庵にいた創業者を訪ねた時でした。

秋の夕方です。私は事業部長のお供《とも》ということで、新製品のテープレコーダーを持って訪問しました。

本来の目的は、録音機事業部の事業の状況を報告することだったのですが、新製品を持っていこうということになったのです。創業者は製品がものすごく好きな人で、製品を見せて叱《しか》られたことは、一度もありません。

この時に見せたテープレコーダーは完成品ではなく、試作品です。ところが「君、ええのができたなぁ」って。もうニコニコ顔です。

今のテープレコーダーと比べたら大きくて、五十《セン》《チ》四方ぐらいありました。それを抱くようにしてまず撫《な》でる。自分の子どものように。

私は、緊張してその様子を眺めていました。初めて言葉を交わしたのがこの時です。「君、技術屋か」と。私は途中入社でしたから、この時は松下に入って四年目、三十三歳でした。

―― 松下幸之助さんは発明家としても世界的に知られた人ですから、とにかく新しく生まれた製品が大好きだったのですね。そして、それ以上に人間が好きだったと。

谷井　ええ、この出来事から私は、「物より人が大事」ということを教わりましたよ。この当時、日本の商品は「安かろう悪かろう」と言われていました。だから、私たちは随分と品質管理を勉強したものです。

ところが、創業者はこう言いました。「非常に品質管理は大事。大事だけれども、もっと大事なことは人質管理だ」と。

結局、事業の成果を説明しに来た私たちに言いたかったのは、「品質管理は一つの手法で、それを実際に身に着けて実践して、成果を上げるのは人間だよ」ということです。いくら勉強しても、実行する人間がしっかりしないといけないということを、教えてくれました。

また、松下電器が将来、いかに大を成すとも一商人たる心を忘れるな、ということだったのだと思います。いくら大きな会社になっても、松下電器はお客さんにいいものを買っていただく、そのために一生懸命努力する。そういう商人の気持ちを忘れてはならない。創業者からの、今の松下電器へのメッセージです。

一商人としての気持ちというのは、謙虚さにもつながります。大阪府門真市の本社にある中央研究所の講堂では、毎月一回、松下電器の幹部を集めた「経営研究会」が開かれ、創業者が講師を務めたのですが、そこである時、「感謝と怖《こわ》さを知れ」と言いました。

私はまだまだ若かったから、「感謝」は、実践はできないにしても言葉としては十分理解できますよ。ところが「怖さを知れ」の意味が分からなかった。「怖さとは何ぞや」という詳しい説明を聞くことはできませんでしたが、後になって少しずつ理解できるようになってきました。

――その後、谷井さんも同じ経営者の立場になりました。松下幸之助さんに学んだ一番のことは何ですか。

谷井　謙虚さや素直さです。創業者を直接に叱ってくれる人はだれもいなかった。だから「怖さを知れ」とは、我々社員にではなく自分自身に言い聞かせていたのではないかと思うのです。

創業者が松下電器の会長だったころのことだと思います。当時は、時代にも情勢《じょうせい》にも恵まれて業績は右肩上がり。「経営の神様」と呼ばれていました。

そういう中で「怖さを知れ」と言うのです。若い人たちにしてみれば、経営が好調な時になぜ会長はこんなことを言うのだろう、という感じです。今の私は、「謙虚になれ」というメッセージだったのだと受け取っています。

「いい製品ができたなあ」

松下電器は一九七〇（昭和四十五）年、カラーテレビの価格が二重価格だと指摘されて起きた不買運動で、消費者連盟からずいぶんと叩《たた》かれました(注)。これも、謙虚に自分を反省、コントロールする上で大事な経験だったというわけです。

今、創業者のいろいろな言葉が語り継がれていますが、口で言うだけではない、何より実践の人、努力の人でした。社員や松下政経塾の塾生を集めて講義をすることも多かったのですが、創業者はそこで言ったことを自ら実践するんです。

—— 谷井さんが、謙虚な松下幸之助さんの姿を直接目にした時のエピソードは何かありますか。

**谷井**　あれは、ある二月の寒い日のことでした。京都の国際会議場で、全国の販売会社の社長を集めて販売方針発表会を開きました。「今年はこういう商品を出します」「こういう売り方をしましょう」「皆さん、こういう目標でしっかりがんばって下さい」と、丸一日かけて、全国の販売会社の社長を前に語ります。終わるともう夕方です。

販売会社の社長さんたちは、地方ごとに皆さんバスで来ていますから、本社の出席者は全員でバスを見送ることになります。そんな時、だれよりも最後まで見送るのが創業者でした。普通はみんな、車が出発すると頭を上げてゾロゾロと動き始めるでしょう。同じようなことは、私が岡山の工場にいた時にもありました。

私は、視察に来た創業者を岡山駅に出迎えに行きました。松下電器のトップが来るということで、駅長も白い手袋をはめて迎えてくれました。創業者は、フラリと新幹線を降りると、自分から名刺を出して駅長に挨拶しました。「松下です、お世話になっています」と。

駅長さんは驚いていました。私も、非常に心のこもった礼儀正しい人だなと思いました。こうした行動が、極めて素直にできる人なんです。

――一九七六(昭和五十一)年、松下電器は日本ビクター(注)の技術であるVHSを採用し、家庭用VTRの「規格(注)戦争」が起きました。松下幸之助さんはどんな意図《いと》を持って、この決断を下したのでしょう。

谷井　松下がビクター方式を採用することを決めたのは、ビクターの技術が優れていたからです。もちろんその過程では、ベータマックスを開発したソニー(注)の盛田昭夫《もりたあきお》会長(当時)とずいぶんと話し合ったようです。

業界としては、一つの規格に統一したほうが安定するし、お客さんも混乱させない。しかし敢えて最終的には、ビクターのVHS方式を採用すると決めました。大変な決断だったと思います。ずいぶん悩んでいました。

盛田さんから非常に誠意のあるアプローチを受けていましたし、当時の通産省（現・経済産業省）からも業界安定という観点から働きがあったといいます。

私も当時、ずいぶんと創業者から「君、どう思う」と意見を聞かれました。私が事業部長だった時です。私以外にも多くの人の意見を聞いておられたと思います。迷う理由は、VHSの技術が不採用にするにはもったいないほど優れていたからです。私を含めてビデオ事業の関係者を前に言われたことは「ソニーさんの機械（ベータマックス）、立派やな。しかしソニーさんの機械が百点としたら、ビクター方式でやったうち（松下）のは二百点やな」と。

——ライバルの製品は良いが、自社の製品はさらに良いと。

谷井　これはどういうことかと言うと、ベータマックスは当初、録音できるのがテープ一本で一時間だったんです。ビクターのは二時間だった。

テープに関しては、ソニーさんのが一時間で百点なら、うちがつくったＶＨＳは二時間録画できるから二百点だと。「君、百点より二百点のほうがええな。これにしようか」と言うんです。

もちろん、こんな単純なことだけでＶＨＳ規格の採用を決めたわけではありませんが、難しいことほど分かりやすく、シンプルな言葉で表現しました。

――現在、松下電器やソニーを含む多くのメーカーが次世代ＤＶＤで規格戦争をしています。松下幸之助さんが悩んだ過程には学ぶべきことも多いのではないですか。

谷井　ええ、公益を考える心の大切さです。

ある日、創業者が私を呼んで「君な、ソニーさんのテープもかかる機械をつくれ」と言いました。互換性《ごかんせい》(注)を持った機械を考えろというわけです。業界としても一つの秩序《ちつじょ》が保たれるし、お客さまにも迷惑かけない。共存共栄にもなります。

企業は社会の役に立たなければならないという基本思想に通じます。一企業や個人のエゴで製品をつくるのではない。公共の心がそこにあったのです。

＊孔子の「論語」　中国・春秋時代の思想家。孔子の行動や弟子たちに話した言葉が「論語」としてまとめられた。

＊松下電器製カラーテレビの不買運動・二重価格問題　一九七〇（昭和四十五）年に国内の消費者団体が、メーカーが表示している製品価格と比べて実際に店舗で売られている実売価格が低すぎると指摘。値下げ要求をした上、カラーテレビのトップメーカーだった松下電器のカラーテレビをはじめとする全製品を買わないという運動を始めた。これを受けて、松下電器は流通体制を変えることにより製品価格を引き下げ、価格表示方法も新たに「標準価格」とした。

＊規格　製品の形や質、寸法に関する定め。

＊ソニー　松下電器産業と並び、日本を代表する音響・映像機器メーカー。一九四六（昭和二十一）年設立。

＊日本ビクター　蓄音機メーカーとして一九二七（昭和二）年に設立。経営危機に伴い、五四年に松下電器が提携により再建支援を行った。松下グループのうちの一社。

＊互換性　互いに取り換えが利くこと。

# あとがき

「物心ともに豊かな社会。世界の国々がうらやみ、人々が誇りを持っていきいきと暮らす社会。そんな社会をつくりたい」と、九十四年の人生を捧げたのが、松下幸之助でした。

それを知ると、現代に生きる私たちとしては、少し申し訳ない気持ちになります。なぜなら、今の日本の姿は、幸之助の示した青写真には、まだほど遠い状態だからです。

もちろん、物は豊かです。都市には高層マンションやビルが立ち並び、家庭には高性能の自動車とパソコン。子どもからお年寄りまでが一人一台の携帯電話を持ち、夏休みになるとたくさんの人が海外旅行に出掛けます。そんな暮らしが、当然のようにここにあります。

しかしながら、インターネットで仲間を募って簡単に自殺したり、ささいな意見の食い違いから家族を殺《あや》めたりする事件が、後を絶ちません。

こうした社会に生きる人々に、勇気や活力のもとを見つけてもらおうと、この「二十一

世紀の若者たちへ　松下幸之助　君の行く道は無限に開かれている」を発行しました。

しかし、二十一世紀の日本人の心は、本当に壊れてしまったのでしょうか。

決して、そうではないと思います。「どんなに悪いことをした人でも、心の中には希望の光がある」と思うのです。

私がまだ新人の事件記者だったころ、ほかの子どもよりも成長が遅い我が子に苛立《いらだ》ち、育児放棄（ネグレクト）で子どもを衰弱死に追いやって殺人罪に問われたお母さんの裁判を傍聴しました。

数回の裁判を経て判決が言い渡される日。彼女は裁判官の前で、天国の息子に宛《あ》てた手紙を朗読しました。

食事を十分に与えなかったこと。お風呂《ふろ》に入れなかったこと。暑い夏、虫のわいた布団の上に弱々しく横たわる息子を置いて、遊びに出掛けたこと。

すべての罪を告白した後、彼女は「ごめんね、ごめんね」と声を震わせ、その場に泣き崩れました。傍聴席にいたみんなが、泣いていました。

亡くなった子どものために、このお母さんは懺悔《ざんげ》の心で涙を流しました。もちろん、息子の命を奪ったことは大きな罪です。しかし、そうした良い人間の心が、まだ彼女の胸の片隅にあったことに、私は希望のかけらを見るような気持ちがしました。

居合わせた人々が、亡くなった見ず知らずの子どもとこの家族の悲劇に対し、慈悲の心で涙を流したことにも、人間が本来持つ優しさや人間愛などを感じました。

人は生まれながらにして悪であるという「性悪説」がありますが、この経験を通して、私は「性善説」が正しいと思うようになりました。そして、人間の心にもともとある希望のかけらや「善」は、本人や周囲の人の努力、また、ちょっとしたきっかけで、引き出せるのではないでしょうか。

私は今、松下幸之助の人生に触れ、ますますこの思いを強くしています。「仲間を信じ、自分を信じることで、私たち一人ひとりの力で、幸之助の描いた夢の二十一世紀を現実のものにできるかもしれない」という希望を抱きました。

二十一世紀は、まだ始まったばかり。残り九十五年もあります。この本を読み終えた皆さんは、幸之助からバトンを受け取ったのです。

総合ビジネス誌「財界」編集部　室星葉月

〔略歴〕
**松下幸之助**（まつした　こうのすけ）
1894年、和歌山県生まれ。1910年大阪電灯入社。18年に松下電器器具製作所を創業、35年に松下電器産業株式会社に改組。61年に同社会長、73年相談役。89年死去。

〔著書〕
「道をひらく」「道は無限にある――きびしさの中で生き抜くために」「素直な心になるために」「私の夢・日本の夢　21世紀の日本」（いずれもPHP研究所）など多数。

# 君の行く道は無限に開かれている

2005年6月24日第1版第1刷発行

編著者――「財界」編集部
発行者――村田博文
発行所――株式会社財界研究所
〔住所〕〒100-0014 東京都千代田区永田町2－14－3 赤坂東急ビル11階
〔電話〕03－3581－6771〔FAX〕03－3581－6777
【関西支社】〒530－0047 大阪府大阪市北区西天満4－4－12近藤ビル
〔電話〕06－6364－5930〔FAX〕06－6364－2357
〔郵便振替〕00180－3－171789
〔URL〕http://www.zaikai.jp
装丁・デザイン――中山デザイン事務所
イラスト――広川ひろし
印刷・製本――図書印刷株式会社


ISBN4-87932-047-1　定価はカバーに印刷してあります。